Die sc

Liebi Familie Casimir

e schöns Fest,
es guets 2002

wünschen Pat

& Kathrin Lenz

PS.
Über Weihnachten w[...]
Nachbücher studieren [...]
als wir Ihn in N[...]
einmal servieren könn[...]
wir mit Ihnen rech[...]

Peter H. Jamin

Die schwarze Mamba

Stories aus oberkassel.de

Grupello

Peter H. Jamin, geboren 1951; Schriftsteller, Journalist und Filmemacher, lebt in Düsseldorf und auf Mallorca; veröffentlichte u. a. gesellschaftskritische Sachbücher (»Sexopfer Kind – Die Hintergründe des Falls Dutroux und die Machenschaften der internationalen Pornomafia«), Romane (Mallorca-Krimi »Der Sieg der Taube«) und TV-Dokumentationen (»WDR-Vermißt«) und entwickelt Buch-Projekte (u. a. »Ganz Deutschland lacht – 50 deutsche Jahre im Spiegel ihrer Witze«).

Die Geschichten von Peter H. Jamin erscheinen wöchentlich neu bei www.oberkassel.de.

Die Deutsche Bibliothek – CIP-Einheitsaufnahme

Jamin, Peter H.:
Die schwarze Mamba : Geschichten aus oberkassel.de
– 1. Aufl. – Düsseldorf : Grupello Verlag, 2001
    ISBN 3-933749-74-3

1. Auflage 2001

© by Grupello Verlag
Schwerinstr. 55 · 40476 Düsseldorf
Tel.: 0211–498 10 10 · Fax: 0211–498 01 83
Einbandgestaltung: Thomas Klefisch
Druck: Müller, Grevenbroich
Alle Rechte vorbehalten

ISBN 3-933749-74-3

INHALT

Liebes- und Lustgeschichten

Die schwarze Mamba	7
dotcom.girl	11
Der Tag, an dem Jimi Hendrix starb	14
Liebe am Telefon	19
In der Herren-Zone	22
Liebe in Zeiten der SMS	24

Short Cuts und Zeitgeist

Applaus, Applaus!	26
Dessous-Show	28
Ein blutiges Dinner	29
Filmpremiere mit der Queen	31
Der Papst kocht Erbsensuppe	33
Stille Post am Silvesterabend	34
BSE und die Folgen	35
Komische Geschichten	36
Peter und der Hund	38
Typen wie wir	39
Der Dax in der Bäckerei	44
Vom Sinn und von Geld	46
Killerfahrer bitte melden	47
Krieg gegen die Zivilisation	49

Aus dem Leben eines Schriftstellers

Dichterstunde	53
Interview für's Who's who	60
Meine lieben Leser	63
She – Eine Wahnsinns-Geschichte	65
Signierstunde	67
Büchertypen	70
Auf Lesetour	72
Gefährliche Begegnung	76
Es lebe der Buch-Handel	78

Die schwarze Mamba

Er nannte sie »die schwarze Mamba«. Sie hatte lange, schwarze, glänzende Haare. Eine schlanke Figur. Rundungen zum Hinsehen. Sie lachte bei jedem Satz. Ihre dunklen Augen strahlten nicht nur den Mann an ihrer Seite an. Auch andere Männer im *Prinzinger*, deren Blick sie streifte, fühlten sich von ihr bemerkt. Als sie an mir vorbei ging, ignorierte ich sie und hob nur die Nase, um den Duft ihres Parfüms zu riechen.

Die schwarze Mamba brauchte kein Parfüm, um die Aufmerksamkeit auf sich zu lenken. Sie war so sehr im Raum, daß es den Männern schwindelig wurde bei dem Gedanken an eine Nacht mit ihr.

»Die schwarze Mamba«, raunte der Mann neben mir und kippte ein Alt auf ex.

»Sie kennen sie?« fragte ich.

»Eine Granate«, antwortete er leise. »Auf der Bühne des Lebens.«

»Schauspielerin?«

»In der Kneipe, Mann! Die Kneipen sind die Bühnen des Lebens.«

Sie ging an uns vorbei, ohne meinen Thekennachbarn zu beachten. Er trank hastig noch ein Glas Bier.

»Und doch ein totaler Flop.« Er wischte sich den Bierschaum aus den Mundwinkeln. »Ich hab' Sie vor vielen Monaten kennengelernt. Ich wußte sofort, daß ich sie will. Liebe auf den ersten Blick. Hätte nie gedacht, daß mir das mal passiert. Wir haben was getrunken. Gescherzt. Sie hat mir ihre Geschichte erzählt – stellen Sie sich vor, sie ist Sozialarbeiterin. So eine Frau und Sozialarbeiterin. Später sind wir tanzen gegangen an der Kö.«

»Was haben Sie für ein Glück gehabt!« Ich bewunderte ihn und hatte dabei die Frau im Blick, die ein paar Meter hinter ihm stand und immer wieder zu uns herüber blickte.

Ich überlegte, ob sie Blickkontakt zu mir suchte oder ob sie sich fragte, was ihr Ex wohl über sie erzählt.

»Glück?« Er schüttelte sich. »Ein Wahnsinn! Irgendwann landeten wir im Sams. Nicht mein Lokal, aber mit ihr wär' ich überall hingegangen. Erst sahen wir uns nur an. Dann tanzten wir. Dann fühlten wir. So langsam und eng, als ständen wir in einem Schuhkarton. Sie hat mich angemacht wie nie eine Frau zuvor.«

Ich hatte das Gefühl, daß mich die dunklen Augen der Frau aufforderten, näher zu kommen. Mir fiel es schwer, der Geschichte meines Nachbarn zu folgen.

»Wie war sie?«

»Ich wohne in einem der großen, alten Häuser. In der Nähe. Riesen-Wohnungen.«

»Sie Glücklicher.«

»Gegen morgen fuhren wir dann zu mir. Im Hausflur knutschten wir so lange, bis uns die Zeitungsbotin verscheuchte.«

Ich sah ihren Mund und wie sie den Mann an ihrer Seite anlächelte.

»Hören Sie mir noch zu?« Der Erzähler stieß mich an.

»Sie ist schön«, sagte ich.

Er nickte. »Schon im Flur meiner Wohnung zogen wir uns gegenseitig aus. Wir waren wild. Wir waren betrunken. Beide verrückt aufeinander. Dann sagte sie, daß sie mal verschwinden müsse.«

Er bestellte ein Alt, bot mir eine Zigarette an. Ich nahm sie, obwohl ich seit fünfzehn Jahren nicht mehr rauche.

Ihr Blick!

»Sie hat Sie im Visier!« Er lachte und haute mir auf die Schulter, daß das Alt aus meinem Glas auf seine Hose platschte. »So ging's mir auch. Ich wartete eine halbe Stunde auf sie. Ich hatte mich im Schlafzimmer aufs Bett gelegt. Ich dachte an das, was folgen würde. Oh Mann! Ab und zu lauschte ich, was sich im Badezimmer tat. Aber es war nichts zu hören.«

»Und?« Jetzt lächelte sie mich an. Erwiderte meinen Blick tief und warm und erregend.

»Sie kam nicht. Ich klopfte an die Badezimmertür. Rüttelte an der Klinke. Sie blieb verschlossen. Keine Reaktion, kein Ton. Ich bekam Panik, dachte, daß was passiert war.«
Er fingerte nervös nach der nächsten Zigarette und zündete sie sich mit der noch glühenden Kippe an.
»Ich wußte nicht, was ich tun sollte.«
»Die Tür eintreten«, sagte ich.
Er nickte. »Ja, wäre gut gewesen. Aber ich war besoffen. Ging in die Gästetoilette. Öffnete das Fenster. Dahinter ein riesiger Lichtschacht. Drei Stockwerke tief. Schräg von mir das Badezimmerfenster auf gleicher Höhe. Es war geöffnet.«
»Warum haben Sie nicht die Feuerwehr gerufen?«
»Ich dachte, daß ich es schaffe, hinüberzusteigen. Ich rief nach ihr. Keine Antwort. Ich konnte auch nicht so laut schreien. Ich wollte nicht die Nachbarn unter und über mir und gegenüber wecken. Ich stand auf der Toilettenschüssel und dachte: Nicht nach unten sehen. Nur keine Panik. Ich schob ein Bein über die Fensterbank. Setzte mich auf die Fensterbank und ließ die Beine in den Lichtschacht baumeln.«
Sie sah mich skeptisch an. Hörte sie auf diese Entfernung, was er mir erzählte?
»Ich hielt mich mit einer Hand am Rahmen des WC-Fensters fest und griff mit der anderen zum Fensterrahmen des Badezimmers. Vorsichtig schob ich ein Bein hinüber. Ich zitterte.«
Die schwarze Mamba sah mir tief in die Augen.
»Ich konnte nicht zurück, hatte ein Bein im Badezimmer und das andere am WC-Fenster. Ich mußte weiter. Ich wollte sie doch aus dem Badezimmer befreien. Vielleicht war sie ohnmächtig geworden? Alkoholvergiftung? Ich sah hinunter. 20 Meter. Einen blöden Moment lang, und ich mußte mich übergeben. Stellen sie sich vor. Sie hängen im dritten Stock zwischen zwei Fenstern im Lichtschacht, müssen kotzen und haben keine Hand frei, um eine Schüssel zu halten.«
Wie könnte ich sie kennen lernen? Jetzt einfach zu ihr hinübergehen?

9

»Ich weiß nicht, wie lange es gedauert hat, bis der Würgereiz nachließ. Dann hab ich es gemacht. Mich ins andere Fenster gezogen und kopfüber ins Badezimmer gleiten lassen.«

Er schwieg. »Und?« fragte ich.

Mein Gesprächspartner sah zur schwarzen Mamba hinüber, ich bemerkte, wie sie ihren Blick kühl abwandte. »Sie saß auf der Kloschüssel und schlief.«

Ich hätte es mir denken können. Das wird nie mehr eine romantische und wilde Geschichte werden. Gott-sei-dank, dachte ich.

»Ich zog sie hoch und trug sie ins Bett. Sie schlief. Am nächsten Tag ist sie nach dem Aufwachen fortgegangen und nie mehr zurückgekommen.«

Die schwarze Mamba sah mich an. Jetzt waren ihre Augen wieder leuchtend und lachend und verführerisch.

»Eine gute Geschichte«, sagte ich zu meinem Thekennachbarn. Ich sah die schöne Frau auf der anderen Seite der Theke in Gedanken vor mir. Schlafend auf der Klo-Schüssel.

Ich zahlte meinen Wein und ging. Draußen auf der Luegallee regnete es. Kein guter Sommer für die Liebe, dachte ich.

dotcom.girl

Ich dachte, die Zeit der One-Night-Stands sei vorbei. Wegen Aids, harten Bandscheiben-Federkernmatratzen und wegen der Knüppelschaltung, die in den meisten Autos heute zwischen Fahrer- und Beifahrer-Sitz angebracht ist.

Oliver grinst, während er mir seine Geschichte von Melanie erzählt: »Sie ist jung, ganz hübsch, brünett und schlank. War lange mit einem Typen zusammen, mit dem sie nicht so richtig zusammen war.«

»Wie«, frage ich. »Tanzen, Kino oder mehr?«

»Klar, die haben zusammen geschlafen. Haben sich regelmäßig getroffen. Hatten aber zwei Wohnungen. Und dann war's aus.«

»Das passiert«, sage ich und blicke zu den bösen Zeichnungen hoch, die Thomas für unseren kleinen Oberkassel-Roman »Revolution!« gemalt hat. Sie hängen jetzt an der Wand im *Prinzinger*.

»Sie kommt damit nicht klar«, sagt Oliver.

»Aha!«

»Sie hat erzählt, daß sie so traurig ist. Einen Mann braucht. Fürs Bett. Und so.«

»Wieso?«

»Irgendwie will die unbedingt mit einem Typen fest zusammen sein.«

»Wegen Aids?«

Oliver zieht die Schulter hoch. »Das Alte: Geborgenheit. Liebe. Zärtlichkeit, die man kennt. Und sie will drei Hunde, zwölf Schafe, einen Bauernhof und fünf Kinder.«

»Was ist sie für eine«, fragte ich. »Mein Typ?«

»Ein dot.com.girl.«

»Was?«

»So nennt man die Mädels, die in der Internet-Branche 'rummachen.«

»Mit Typen?«

»Am Computer«, sagt Oliver.

Ich nicke wissend.

»Melanie ist mit meinem Freund ein paar Tage später in die Disco gegangen. Der hat heimlich für Melanie eine neue Liebe arrangiert und seinen Freund mitgebracht.«

»Trotzdem Liebe auf den ersten Blick?«

»Mein Freund hat vorher zu Melanie gesagt, daß sein Freund sie irre gut fände. Die war total überrascht, weil sie ihn auch gut fand, sich das aber umgekehrt nicht hatte vorstellen können.«

»Und seinem Freund hat dein Freund wiederum gesagt, daß Melanie ihn gut findet«, setze ich die Unterhaltung fort.

»Der hatte auch nicht gedacht, daß Melanie scharf auf ihn ist. Und wurde von meinem Freund richtig heiß gemacht.« Oliver denkt einen Moment nach. Überlegt, wie die Geschichte weitergeht. »Als die drei dann morgens auf einen Kaffee zu Melanie gegangen sind ...«

»Der Spruch zieht immer noch?« frage ich entsetzt.

»... stand mein Freund plötzlich im Flur allein da. Die Wohnungstür war kaum geschlossen, da sind die beiden schon im Schlafzimmer verschwunden und nicht mehr rausgekommen.«

»Hoffentlich kann dein Freund Kaffee kochen«, sage ich zu Oliver. Der grinst, er mag komische Bemerkungen. »Klar, daß sie schnell zusammen ein Bett gefunden haben. Bei so einem erregenden Vorspiel.«

»Und soll ich dir was erzählen«, meint Oliver, »als die beiden im Bett waren, hat es mein Freund bereut, das eingefädelt zu haben. Hat mir später gestanden, daß er selbst Bock auf die Melanie hatte. Aber er hat sich nicht getraut.«

»Na also«, freue ich mich, »es gibt ja doch noch ein paar Leute, die vernünftig sind und nicht jeden One-Night-Stand mitmachen.«

»Weil er doch 'ne Freundin hat. Und er bei Melanie praktisch um die Ecke wohnt. Und wenn man sich nach so 'ner schnellen Nummer dann fast jeden Tag begegnet, ist das doch ganz schön blöd.«

Ich überlege ein paar Minuten und werde dabei von den Kampfschafen aus den Oberkasseler Rheinwiesen abgelenkt, die Thomas da an die Wand im »Prinzinger« gehängt hat.

»Tja, da weiß man dann nicht, worüber man mit so einem dot.com.girl sprechen soll, oder? Vielleicht sollte es dein Freund mal mit der Alt-Taste versuchen.«

»Wie?«

»Mit ihr ein Altbier trinken gehen. Das kam früher schon gut an.«

DER TAG,
AN DEM JIMI HENDRIX STARB

Nick sitzt im »Odeon« in Oberkassel, sieht eine blonde Frau und ihr pralles Hinterteil in der Jeans und erinnert sich. An die Kommune in Kensington, London.

* * *

»Schreiben kann ich überall auf der Welt«, meinte er damals, als Christiane ihm erzählte, daß sie für ein halbes Jahr in London als Au Pair Mädchen arbeiten will. »Da lerne ich in ein paar Wochen mehr Englisch, als in einem ganzen Semester an der Uni«, meinte sie und fuhr los.

Nick wartete solange, bis sie ihn anrief und ihm von ihrer Sehnsucht nach ihm vorjammerte. Er packte sein Notizbuch ein, den Füller, den ihm sein Großvater zur Kommunion geschenkt hatte und zwei Jeans und drei Hemden, nahm seine Ersparnisse aus der Blechdose in der Waschmaschine, zog den Stecker des Fernsehgeräts raus, schenkte seiner Nachbarin den Rest des Camemberts und fuhr mit dem Bus zur Autobahn. Daumen raus und weg.

Drei Tage später schellte Nick an der Wohnung des Lords, wo Christiane eine Stelle gefunden hatte. »Ich liebe dich. Immer. Ewig. Nur dich«, flüsterte sie und zog ihn hinter sich her in ihr Zimmer neben der Küche. Lord und Ehefrau waren verreist. Christiane hatte den Auftrag, das ausländische Kleingeld zu sortieren, das der Hausherr von seinen vielen Reisen in der Brieftasche heimgetragen und in einer Zigarrenkiste gesammelt hatte. Nick und Christiane sortierten die Währungen nach Ländern, verpackten sie in braunen Din-A5-Umschläge und beschrifteten sie mit den Geldbeträgen und den Währungsbezeichnungen. Das System faszinierte Nick so sehr, daß er sich vornahm, es dem

Lord später gleichzutun, wenn er es zu Reichtum und Währungen aus vielen Ländern gebracht haben würde. Und heute liegt in Nicks Tresor, der nur einige Versicherungspolicen und die Briefmarkensammlung aus Jugendtagen und Sicherungsdisketten für den Computer vor Diebstahl oder Feuer schützt, ein Schuhkarton. In diesem liegen braune Umschläge mit fremdländischer Währung, und wenn er eine Reise ins Ausland unternimmt, benutzt er das Geld, um erste Besorgungen oder Dienstleistungen des Hotelpersonals zu bezahlen.

Drei Tage lang lebten Christiane und Nick in der Wohnung des Lords wie ein Ehepaar. Das Wohnzimmer war ein muffig riechender Saal mit Ölgemälden der Vorfahren des Lords und purpurroten, samtenen Vorhängen vor den Fenstern, einer riesigen verschlissenen Couchgarnitur in der Mitte des Raums und mehreren Lagen orientalischen Teppichen auf dem Boden. Hier liebten sie sich mal hemmungslos und gelegentlich schüchtern wie ein pubertäres Paar. Teppiche, besonders Perserteppiche, galten in dieser Zeit als Zeichen von Reichtum und Kultur. Der Schah von Persien lebte noch, Soraya in den Blättern der Boulevardpresse auch, und von den Folterungen durch den Geheimdienst des persischen Herrschers nahm die Welt erst Jahre später ernsthaft Kenntnis. Die Teppichböden von Tretfort waren noch nicht erfunden, und in den Wohnungen in Europa bedeckten Linoleumbahnen mit Teppichmustern die hölzernen Böden. Die meiste Zeit verbrachten Nick und Christiane jedoch in dem schmalen Bett im kleinen Zimmer neben der Küche, wo sie die fremde Währung ausgebreitet hatten: Indien, China, Bulgarien, Thailand ...

Als der Lord heimkehrte, hatte Christiane für Nick eine neue Unterkunft gefunden. Freunde empfahlen ihnen Freunde, die Freunde hatten, die in einer Wohngemeinschaft lebten, die dabei war, sich aufzulösen. Als Nick am Morgen des vierten Tages das Flat betrat, hingen die Gardinen an den Fenstern schlaff herab. Ein Mädchen und zwei Jungen, langhaarige, abgerissen aussehenden Typen, wie man sie auch in einer Weltstadt nicht gern als Nachbarn sieht, saßen bekifft und müde in dreckigen Sesseln und sahen ihn schweigend an.

»Kann ich hier wohnen«, fragte Nick. Die drei zeigten auf die Couch in der Ecke. Nick setzte sich, zog den Rauch aus dem Joint tief ein und hörte Musik der »Moody blues«, die in dieser Zeit in London sehr beliebt war. »I'm a lonely man...« dröhnte es aus den Lautsprechern der Musikanlage.

Nick blieb einen Monat. Er lernte in dieser Zeit mehr als 100 Leute kennen; an keines ihrer Gesichter kann er sich erinnern. Manche kamen spät nachts, schliefen den Tag darauf und gingen wieder, ohne ein Wort gesprochen zu haben. Andere besuchten Leute, die auf Besuch waren. Es hatte sich in der Szene herumgesprochen, daß es in Kensington eine Kommune auf Abruf gab, und so kamen alle, die einen Schlafplatz suchten, einen Joint oder ein Gespräch in der Nacht.

Eines Tages sagte Eve, das Mädchen, das Nick am ersten Abend kennengelernt und die seitdem mit ihm nicht ein Wort gewechselt hatte. »Heute Mittag ist Razzia. We go.«

Alle zogen an diesem Morgen aus. Auch Nick. Er nahm seine Reisetasche, steckte sich noch eine Dose Cola, die einsam im Kühlschrank lag, in die Tasche und ging. Nach Kensington.

Kensington war damals schon ein sauberer Stadtteil mit Reihen viktorianischer Häuser, gepflegten Vorgärten, kleinen Parks und gemütlichen Lebensmittelgeschäften. Doch hinter etlichen dieser gepflegten, seriösen Hausfassaden lebten Studenten in Wohngemeinschaften, Schwule und Lesben und ausgeflippte Künstler. Dort stand Nick vor der Telefonzelle in der Nähe des Pubs, wo er nachmittags gern einen Kaffee trank und ein Gedicht schrieb. Er wartete, daß die Telefonzelle endlich frei würde, um Christiane anzurufen und mit ihr zu besprechen, wo er in den nächsten Tagen wohnen könnte. Die Frau in der Telefonzelle drehte ihm den Rücken zu. Sie hatte blondes Haar, trug eine Bluse aus durchsichtiger indischer Seide, wie sie in diesen Tagen viele Mädchen und Frauen trugen. Die Jeans spannte über ihren Po, und das Peace-Zeichen der Anti-Kriegs-Bewegung auf ihrem prallen Hinterteil, das umgedrehte »Y« im Kreis, sah prächtig aus. Irgendwie kam ihm dieser Hintern bekannt vor ...

»Nick! Was machst du denn hier? Wie geht's Dir? Ich hab gerade mit Deutschland gesprochen! Mensch, das ist ja klasse!«

»Hi ...«

»Das ist ja toll. Gut siehst du aus. Mir geht's auch gut.«

Das Mädchen aus der Telefonzelle ließ Nick nicht zu Wort kommen. Petra hatte schon immer viel geredet, und Nick war froh, als er ihr endlich sagen konnte, daß er einen Platz zum Schlafen suche. Sie drehte sich um, griff zum Telefonhörer, und kurz darauf war er wieder auf dem Weg zu einer Wohngemeinschaft.

Sie befand sich ganz in der Nähe. »Hast du schon gehört? Jimi Hendrix ist gestorben«, war die Botschaft, mit der er begrüßt wurde. Niemand fragte ihn nach dem woher und wohin. Von Hendrix Tod wußte Nick nicht. Er hatte morgens nicht ferngesehen, stattdessen eine Kurzgeschichte geschrieben über kiffende Arbeitslose, die Musik hörten und nicht mehr wußten, worüber sie sprechen sollten.

Petra kannte er aus seinem Heimatort. Er hatte sie schon zwei oder drei Jahre nicht gesehen. Damals waren ihre Begegnungen immer intensiv, nur zu kurz gewesen, um sich ineinander zu verlieben. Doch ihr Lachen war ihm sehr vertraut. Es war breit, breit wie eine Dampfwalze und so lang wie ein Güterwagenzug und so süß wie ein Vanilleeis mit Erdbeeren.

In der Wohngemeinschaft, in der Nick die nächste Zeit lebte, lief von morgens bis nachts die Musikanlage – »Hey Joe«, »Angel«. Musik von Jimi Hendrix. Am Tag seines Einzugs und in den Tagen danach war die Stimmung bedrückt. Es wurden Joints geraucht und Lieder von Hendrix gesungen, und die Mädchen weinten leise. Zur Beerdigung des schwarzen Sängers gingen alle aus der Wohngemeinschaft mit – vor dem Fernsehgerät. Millionen Fans begleiteten Jimi Hendrix auf seinem Weg zum Grab. Millionen sahen das im Fernsehen. Seine Mitbewohner hatten sich von der Arbeit frei genommen, um zu trauern. Ein Versicherungsangestellter, eine Hausgehilfin, eine Studentin, ein Hausmeister und ein Journalist. Der Älteste war 26 Jahre alt. Nick war der Jüngste, schlief nachts auf der Couch im Wohnzimmer. Manchmal, wenn Christiane ihn abends besuchte, durfte er das Zimmer der Hausangestellten benutzen. Dort schmusten sie und machten auch mehr, wenn Nick der Freundin endlich die Hotpants ausgezogen und sie ihre künstlichen langen Wimpern und das Haarteil abgelegt hatte. Jeden Abend wartete Nick im Wohnzimmer, bis die letzte Fernsehsendung endete und irgend jemand die Musikanlage ausstellte und auch der letzte Joint geraucht war. Wenn er nicht vor Erschöpfung schon früh am Abend auf dem Boden eingeschlafen war.

Petra sah er an dem Tag, an dem Jimi Hendrix starb, zum letzten Mal. Sie verabredeten noch, sich bald zu treffen. Aber als Nick einige Tage später ihre Telefonnummer wählte, meldete sich niemand. Jemand erzählte ihm später, die Wohnung wäre von der Polizei geräumt worden ...

* * *

Nick beobachtet die blonde Frau an der Theke des »Odeon«. Sie trägt eine Bluse aus indischer Seide und Jeans, und ihr graues Haar dürfte früher mal blond gewesen sein. Wie alt mochte Petra heute wohl sein? 45? 50? Das Profil der Fremden erinnert ihn an die Freundin. Und der pralle Po ...

Die Frau dreht sich um. Sie lacht ihren Begleiter an. Dieses Lachen! Sie geht an ihm vorbei. Nick schweigt. Eine gute Geschichte darf kein schlechtes Ende haben ...

LIEBE AM TELEFON

Nick drückt die Tasten des Telefons. Als er die letzte Zahl eingegeben hat, kratzt es unangenehm in der Hörmuschel. Nick will den Hörer schon wieder auflegen.
»... ist so laut hier, ich mach' die Musik aus«, hört er die Stimme eines Mädchens.
»Laß doch, ist doch auch bei mir laut«, entgegnet eine männliche Stimme.
Nick wartet. Er überlegt, ob er auflegen soll. Andere zu belauschen ist gemein und hinterhältig. Er hält eine Hand über die Sprechmuschel, damit die unbekannten Gesprächspartner die Musik nicht hören, die in seinem Wohnzimmer läuft. Ein Telefonhörer wird auf eine harte Fläche gelegt. Er vernimmt das rauhe Husten eines Mannes.
»So, da bin ich wieder«, sagt das Mädchen nach wenigen Sekunden, »jetzt verstehe ich dich auch viel besser«.
Sie hat eine angenehme Stimme. Sanft. Ohne Schnörkel.
»Mein Vater will, daß ich morgen früh um sieben aufstehe«, sagt der Mann.
»Warum denn?« fragt sie.
»Hat er gesagt«, antwortet er.
»Moment, ich muß mir mal eine Zigarette anstecken«.
Nick und der Fremde warten. Nick sieht sie vor sich. Blond, schlank, mit langem weißen Rock und rotem Pullover. Sie steckt sich die Zigarette an, bläst den Rauch durch die Nase.

* * *

Es ist nicht das erste Mal, daß Nick in den Gesprächen von Fremden landet. Meistens hört er eine Weile zu. Dann meldet er sich oder legt leise den Hörer auf den Telefonapparat.
Manchmal mischt er sich auch ein, weil ihn das Gespräch fasziniert. Einmal stritt sich ein Pärchen, weil ihr die Kon-

dome mit dem Erdbeergeschmack nicht schmeckten. Zwei Frauen stritten sich, weil sie in den selben Friseur verliebt waren. Einmal wollte ein prominenter Koch ein Honigkuchen-Rezept zum Patent anmelden und die Mitarbeiter in der Behörde nahmen ihn nicht ernst.

Einmal hörte er eine junge Frauenstimme, die ihn so begeisterte, daß er sich meldete und wegen der Störung um Verzeihung bat. Das macht nichts, antwortete sie, und er sagte verlegen: »Ich lege wieder auf.«

Nachdem er erneut gewählt hatte, war er schon wieder mit der Frauenstimme und der ihres Gesprächspartners verbunden. Das wiederholte sich so oft, bis sich der Mann wütend verabschiedete und Nick und die Frau allein waren. Er fragte, wo sie wohne, was sie mache, was sie sich wünsche, wovon sie träume. Sie gab ihm bereitwillig Auskunft, und schließlich war er völlig berauscht von der Wärme ihrer Stimme, daß er sie fragte: »Sehen wir uns?«

Da lachte die Stimme: »Ich glaube, Sie würden enttäuscht sein. Ich bin 74.«

* * *

»Hörst du mich?« sagt jetzt das Mädchen. Nick hört sie. Vielleicht ist sie ja nackt?

»Mädchen, die rauchen, sind schlecht«, sagt der Mann ruppig.

Nick überlegt, wie er wohl aussieht. Sicher trägt er einen Bart und steht in einem verwaschenen Schlafanzug mit fettigen Haaren und muffigen Pantoffeln vor einer zehn Meter langen Schrankwand aus Eichenimitat.

»Ich möchte mal wieder ins Kino gehen«, flüstert das Mädchen zärtlich. »Vielleicht in den neuen Liebesfilm aus Frankreich?«

Nick spürt ein starkes Verlangen, sie zu sehen.

»Könn' wir ja machen«, antwortet der Mann.

»Wann?«

»Mal sehen«, sagt er.

Nick sieht das Mädchen vor sich, und wie das Leuchten aus ihren blauen Augen verschwindet. Sie fröstelt, greift sich einen Schal und legt ihn sich um die Schultern.

»Was macht du heute Abend?« fragt sie.

Der Mann antwortet nicht.

»Was machst du heute Abend?« wiederholt das Mädchen.

»Ich muß Schluß machen. Mein Vater ruft mich«, sagt der Mann.

»Ist gut«, erwidert sie und, als hätte sie eine Ahnung, fragt sie: »Mit uns scheint es doch zu klappen, nicht?«

»Weiß nicht.«

»Wieso weißt du nicht?«

»Ach, ich weiß eben nicht. Ich muß jetzt Schluß machen«, sagt der Mann.

»Rufst du mich morgen an?« fragt das Mädchen.

Nick ist versucht, sich einzumischen. Er will ihr den Hörer wegnehmen und auf die Telefongabel legen und ihren nackten Körper mit beiden Armen umfassen, ihn an sich drücken und ihren Po streicheln.

»Vielleicht«, antwortet er.

»Nicht vielleicht. Du rufst an«, fordert sie.

»Wenn ich vielleicht sage, mein' ich auch vielleicht«, fährt er sie an.

Nick spürt großes Verlangen ihm zu antworten. Er will dagegen protestieren, wie der Typ das Mädchen behandelt. Er will sie beschützen. Diese Stimme, die ihm schon so vertraut vorkommt.

»Ich mach' jetzt Schluß«, sagt der Mann.

Endlich, denkt Nick.

»Mach's gut«, sagt der Mann.

»Du auch«, antwortet sie.

Der Mann legt den Hörer auf.

»Hören Sie. Entschuldigen Sie. Warten Sie«, stammelt Nick, »legen Sie nicht auf, ich möchte ...«

Klack. Aufgelegt.

»Ich möchte mit Ihnen sprechen«, flüstert Nick.

IN DER HERREN-ZONE

»Das kleine Rote?«
»Nein, das rote Kleine!«
Einkaufen mit ihr. Womöglich noch im Winterschlußverkauf oder im Vorwinter-Vorschlußverkauf vor Weihnachten. Wie langweilig. Und langwierig.
»Lieber das kleine Schwarze.«
Er steht in Geschäften, in denen sie ihre Kleider, Schuhe, Strümpfe, Mäntel und Accessoires findet, immer dumm 'rum und fragt sich, warum Innenarchitekten nicht an die Männer denken, wenn sie Boutiquen einrichten.
»Das Grüne mit Gelb.«
»Das Gelbe mit Gold ...«
Er träumt von einer Herren-Zone mit bequemen Ledersesseln, Kaffee, Mineralwasser, Bier und Wein und Zeitungen und Zeitschriften und selbstverständlich mit n-tv und den Börsenkursen. Dann würde er viel lieber mit seinem guten Namen auf der grünen Kreditkarte ihre Kleider bezahlen und geduldiger auf die nächste Vorführung eines noch tolleren Kleidungsstücks warten und auch zwei, drei und mehr Anproben und Spiegeltests und Befragungen akzeptieren.
»Ist das nicht chic?«
»Wirklich schön!«
»Bin auch gleich fertig!«
»Steht Dir echt gut!«
Solange die Modemacher und ihre Filialisten nur an die Frauen und nicht an die Männer denken, wird er weiterhin wie ein Kleiderständer vor den vollgepackten Regalen und den fremden Frauen im Weg stehen. Er wird verlegen zu Boden blicken und Platz machen, sobald sich ihm ein Mädchen oder eine Frau nähert, um eine hinter seinem Rücken liegende Regalfüllung Pullover umzukrempeln.

Wenn er von ihr zur Garderobe gerufen wird, um ihr zur Hand zu gehen und ein Kleidungsstück mit größerer oder kleiner Größe schon mal wegzutragen oder durch den Spalt der Garderobengardine den optimalen Sitz von Rock und Bluse und Busen zu begutachten, wünscht er sich, unsichtbar zu sein. Besser wäre, schon bei einem Milchkaffee im »Schiff ahoi« zu sitzen.

So steht er in Ruf- und Garderobennähe, immer auf dem Sprung, ihr zu Diensten zu sein. Immer bereit, seinen Blick von anderen Garderobengardinenschlitzen abzuwenden, sobald blitzende Spitzenbordüren, verführerisches Seidentuch oder nackte Haut zu erkennen sind.

So, jetzt muß ich diesen Text beenden. Sie hat sich für den roten Rock und den grünen Pullover entschieden. Es ging heute wirklich schnell. Meistens bleibt mir ja noch die Zeit, einen schönen Schlußsatz zu formulieren. Heute reicht nicht einmal mehr die Zeit, zu überlegen, worüber ich bei unserem nächsten Boutique-Besuch schreiben werde ...

LIEBE IN ZEITEN DER SMS

Franz steht auf dem Barbarossa-Platz. Er beachtet meinen Morgengruß nicht, er drückt die Tasten seines Handys.
»Was machst du da?«
»SMS«, sagt er, ohne den Blick vom Display zu heben.
Ich sehe ihm über die Schulter und lese:
»und«
»ich«
»kann«
»ohne«
»dich«
»nicht«
»sein«
»Geschäftsbrief« frage ich. Franz nickt.
»Bist du glücklich?« Franz nickt.
»Was machst du sonst so?« Franz nickt.
Jetzt kann ich mir endlich vorstellen, wie es den Mitarbeitern von Rudolf Scharping ergeht, wenn der Verteidigungsminister seiner Gräfin Pilati zärtliche SMS schickt. Ein Freund erzählte dem Reporter der Welt am Sonntag: »Sie sind total verliebt, schreiben sich permanent SMS-Nachrichten mit dem Handy.«
SMS ist jetzt »in«. Es ist besser als SM. Wer nicht beachtet werden will, muß sich nur neben einen SMSler stellen. So schön kann man bei einer Domina gar nicht leiden wie in Gegenwart solcher Menschen. Wenn ein Krieg ausbräche, würde der Verteidigungsminister vermutlich als erstes seiner Freundin die Angriffsroute per SMS mitteilen, damit sie ihr Cabrio in der Garage stehen läßt.
»vorsicht«
»panzer«
»auf«
»a3«
»mutzi«
»bussi«

»Rudi«

Ich erinnere mich an Jürgen, den Besitzer des Café Sóller auf Mallorca, vordem Kneipier des »Casablanca« in Düsseldorf. Er saß bei meinem letzten Besuch abends auf der Terrasse seines Lokals und starrte auf sein Handy.

»Eine neue Liebe«, sagte er in einer Pause, »ich schicke ihr SMS«.

»Ist sie nett«, fragte ich,

»Ich glaube wohl. Ich kenne Sie noch nicht richtig. Wir schreiben uns erst mal SMS und später wollen wir uns treffen«.

»Warum nicht heute Abend?«

»Sie wohnt in Bremen. War im Urlaub hier und hat mich gesehen. Ich hab ihr gefallen.«

»Sie Dir auch?«

»Klar, ich ...« Das Handy piept. Jürgen drückt wieder Tasten. Mit SMSlern werden Gespräche schnell zu Telegrammen.

Stop – für meine Gedanken. Franz hat endlich seine SMS-Sitzung beendet. Er steckt das Handy sorgsam in das Gürteltäschchen aus braunem Wildleder.

»Alles ok?« frage ich besorgt, als ich seinen verlorenen Blick und die tiefen Falten auf der Stirn sehe.

»Sie antwortet nicht.«

»Liebt Sie dich?«

»Weiß ich nicht.«

»Warum rufst du sie nicht einfach an und fragst sie?« sage ich.

»Ich trau mich nicht.«

Erst später, bei einem Milchkaffee im »Schiff ahoi«, verstehe ich. SMS schafft Distanz, wo eigentlich Nähe herrscht. Der SMS-Treff ist die Revolution der Rendezvous der Verliebten im technischen Altertum; also vor ein paar Jahren. Da muß man nicht miteinander sprechen, kann schwülstige Liebesbeteuerungen vermeiden, und Verlegenheitspausen gibt es auch nicht. Billiger ist es, weil man ihr nicht gleich einen Kaffee und Käsekuchen ausgeben muß. Das Geld, das man spart, kann man schon mal fürs Babybettchen zur Seite legen.

Nicht schlecht, so eine SMS-Liebe. Da spart man sich was auf und hat sich auch noch was in der Ehe zu sagen ...

Applaus, Applaus!

Der Applaus ist laut und lang, und später sitzt Robert, der Sänger und Entertainer, im »Monte Cristo« und freut sich über den Erfolg und daß so viele Freunde den Abend mit ihm verbringen. »Nie werde ich meine schlimmsten Sekunden auf der Bühne vergessen«, erzählt er, legt seiner alten Freundin Christel die Hand auf den Arm und lacht, lacht so laut und lange, bis sich alle Gäste im Lokal gestört fühlen und irritiert zu uns herübersehen.

»Ich trat mit meiner Band in einem wunderbaren Theater auf. Im kleinen Haus. Ausverkauft. 100 Plätze. Bezauberndes Publikum.« Der Sänger strahlt. »Der Szenenapplaus wollte nicht enden. Aber ich mußte hinaus in meine Kabine, das Kostüm wechseln und in die nächste Rolle schlüpfen. Die einer alten Diva.«

»Und dann? Mach's nicht so spannend!« Christel kennt den Freund als munteren Plauderer.

»Ich zog mir den alten Pelzumhang über. Die grauhaarige Frauenperücke. Lila Brille. Etwas Schminke. Und rannte los.«

»Warum bist du gerannt?« fragt Jürgen

»Ich wollte mit dem Applaus des letzten Liedes das neue beginnen. Ein Gewirr von Gängen. 50 Meter lang war die Strecke mindestens. Endlich die Tür. Ich öffnete Sie. Betrat mit großer Geste die Bühne ...«

Robert schweigt. Wir sehen ihn an.

»Und dann?« Christel ist ganz nervös.

»Was war?!« Kathrin will das Ende der Geschichte hören.

»Gewaltig große Bühnenbilder! Und Musiker! Eine Sängerin! Ein Sänger! Ein Chor! Und alle sahen mich entsetzt an.«

»Warum?«

»Sie spielten auf der großen Bühne des Theaters den ›Figaro‹. Und ich mittendrin. Eine alte Diva!«

Die Freunde lachen. Erst leise.

»Ich hatte die falsche Bühne erwischt. Das große Haus. 1000 Premierengäste blickten die alte Diva an, als wäre sie das Phantom der Oper.«

Der Sänger lacht zusammen mit den Freunden und einigen Gästen des Lokals, die an Nachbartischen zugehört haben. Sie brüllen so laut, daß Gäste empört zu ihnen hinüber sehen.

»Und was hast du gemacht? Da auf der großen Bühne?« fragt Werner in einer Atempause.

Robert blickt in die Runde. Niemand wagt zum Glas zu greifen. An den Nachbartischen schweigen die Fremden. Der Kellner steht mit fünf Tellern dampfender Nudeln in der Hand und hat vergessen, wem er sie servieren soll.

»›Toi, toi, toi‹, habe ich den Kollegen zugerufen. Dann habe ich mich umgedreht, die Tür hinter mir zugeschlagen und bin gerannt, so schnell ich konnte. – Ich wollte doch den Applaus auf meiner eigenen Bühne nicht verpassen …«

DESSOUS-SHOW

Judith hat geschrieben. Eine E-Mail. Von Judith habe ich noch nie Post erhalten, obwohl ich sie schon ein paar Jahre kenne. Ein hübsches Mädchen, das ich früher oft in der »Zille« getroffen habe. Sie kennen sie sicher: lange schwarze Haare, schlank, dunkle Augen und immer gut gelaunt.

Ich öffne die E-Mail. »Hallo, ich brauche deine Hilfe«, schreibt sie mir, »ich mache bei einem Dessous-Wettbewerb mit und werde von den Besuchern bewertet. Vielleicht schaffe ich mit deiner Hilfe ja den ersten Platz. Bitte wähle www.dessousshow.de! Ich rechne auf dich«.

Der Brief irritiert mich. Sicher, wer würde Judith nicht mal gern in Dessous sehen. Aber ich hätte nicht gedacht, daß sie in einer solchen Show mitmachen würde.

»Du bist sexy und willst es anderen zeigen. Hier geht es«, lese ich. »Zu den Kandidatinnen«, heißt die nächste Seite. Da finde ich sie: Judith, hier klicken. Ich beschließe, ihr erstklassige Noten zu geben. Wozu hat man Freunde. Auch wenn sie in ihren Dessous nicht so gut aussehen sollte, wie ich es mir wünsche. Jeder Mann hat ja ganz bestimmte Vorstellungen. Welche Farbe hat sie wohl gewählt? Rot? Schwarz? Vielleicht trägt sie auch Leder-Dessous? Hoffentlich nicht.

Das Mädchen, daß mich auf dem Bildschirm anlächelt, ist nicht Judith. Diese Judith gefällt mir nicht. Viel zu dicke Oberschenkel. Und Unterwäsche in lila!

Ich surfe weiter und suche nach der richtigen Frau – gibt es nicht. Langsam dämmert mir, daß man mich reingelegt hat und nur auf die Internet-Seiten locken wollte. Da hat jemand sicher gedacht, daß jeder Mann mindestens eine Judith kennt und Lust auf ihre freizügigen Fotos hat.

Es schellt an der Tür. Ich öffne. Judith ist da und bringt mir Unterlagen aus der Agentur. Ich lächele sie freundlich an. Ob sie wohl weiße Spitzenwäsche trägt?

Ein blutiges Dinner

Michael kennt die Welt und erzählt gerne Geschichten. »Nach dem Krieg war ich Anwärter auf ein Stipendium für Journalisten in England. Eine englische Familie lädt mich zum Essen ein«, erinnert er sich, »ein Test. Man will sehen, ob ich auch mit Messer und Gabel essen kann«.

Neben ihm sitzt eine geschwätzige ältere Dame im Kreis von englischen Offiziersehepaaren. Sie plaudern mit dem 18jährigen über seine Zeit als Luftwaffenhelfer, über seine Angst vor dem Job des Journalisten und seine Zukunftspläne. Dann serviert der Kellner das Hauptgericht.

»Als ich das rohe Beefsteak auf dem Teller sehe, wird mir schlecht«, erinnert sich Michael. Mühsam unterdrückt er den Brechreiz, schiebt angewidert die Zacken seiner Gabel in das blutige Fleisch. Was tun? Wie vermeiden, davon zu essen, ohne den Gastgeber zu beleidigen? »Damals gab es noch kein BSE, und auch eine Eiweißallergie war als Ausrede noch nicht akzeptiert.«

Soll er sich mit plötzlich aufgetretener Übelkeit entschuldigen und die Gesellschaft verlassen? Dann wird er von der Stipendiatenliste gestrichen. Soll er eine Ohnmacht vortäuschen? Er hört schon die Damen flüstern: »So ein Schwächling! Und gegen die haben wir gekämpft.«

Da sieht Michael die Lösung des Problems. Neben dem Stuhlbein steht die geöffnete Handtasche seiner Nachbarin, und in einem unbeobachteten Moment läßt er das Fleischstück in die Tasche gleiten.

Erlöst. Die Gespräche drehen sich um das Wirtschaftswunder in der Zukunft, um die Armut nebenan, um die erste Urlaubsreise nach dem Krieg. Und um den guten Appetit, der die Festgesellschaft zusammengebracht hat. Es hätte noch ein schöner Abend werden können, da greift die Tischnachbarin in ihre Tasche, um ein Nasentüchlein hervorzuholen.

»Aus den Augenwinkeln sehe ich, wie ihr Blick und ihre Gesichtszüge erstarren. Ihr Arm versteift sich, als hätte eine Mausefalle ihre zarten Finger zerschlagen«, erzählt Michael. »Langsam hebt sie ihre Hand empor wie eine Fackel.«

Die Gespräche verstummten. Damen stoßen beim Anblick der blutigen Finger schrille Schreie aus, Michael fragt besorgt: »Haben Sie sich verletzt!?«

Der Gastgeber, ein umsichtiger Mann, eilt herbei, findet das Fleisch in der Handtasche und entfernt es unbemerkt von der Gesellschaft mit einer Serviette. Michael wischt seiner Tischdame das Blut von der Hand, sie hält sie hoch erhoben, voller Ekel, als wäre ihre Hand ein fremdes Stück Fleisch.

Der Gastgeber, der das Beefsteak in der Küche entsorgt hat, macht einen Witz: »Im Grunde ist doch jedes Unglück so schwer, wie man es nimmt.«

»Es hat ein paar Jahrzehnte gedauert, bis ich zum ersten Mal nach England reiste«, erzählt Michael, »nie mehr in meinem Leben habe ich mir blutiges Fleisch servieren lassen«.

Filmpremiere mit der Queen

Michael besitzt keinen Smoking. »Da werde ich zur Filmpremiere mit der englischen Königin eingeladen«, klagt er, »und ich hab' keinen schicken Anzug«.

Sein Freund Werner beruhigt ihn: »In England kannst du Dir an jeder Ecke einen Smoking leihen. Die feiern doch so gerne steife Feste.«

Es ist ein richtiger Festtag, der Tag, an dem Michael seinen Termin mit der Queen hat. Alle Smokings sind verliehen, und als er nach langem Suchen in einem Kostümverleih ein schäbiges Stück findet, ist es ihm viel zu weit. »Die Hose schlottert mir um die Hüfte wie ein Hula-Hoop-Reifen«, sagt er zu Werner. Der zieht die Schultern hoch: »Ist besser als nackt.«

Am Abend steht Michael im Kinopalast in der Londoner Innenstadt auf der oberen Empore. 60 Stufen bis zur Queen. Er fühlt sich ganz allein, da oben auf der Treppe. Hunderte von Ehrengästen feiern sich. Lords und Schauspielerinnen, Journalisten und Künstler, die Filmproduzenten und der Regisseur und sein Stab, Industriebarone, Akteure, die königliche Familie. Alle Blicke richten sich auf ihn. Der Hofmarschall nickt ihm zu. Sein Part.

»Die ersten zehn Stufen schaffe ich mit Bravour. Dann beginnt die Hose zu rutschen. Das Treppensteigen hab ich nicht geübt«, erinnert sich Michael. Er sieht schon die Schlagzeilen der sensationsgierigen englischen Boulevardpresse: »Deutscher Journalist nackt bei der Queen.«

Da fällt ihm die Lösung ein, er steckt die rechte Hand in die Hosentasche und zieht diese Seite hoch. Dann schiebt er die linke in die Tasche, zieht die andere Hosenseite hoch.

20 Stufen sind geschafft. Er komm ihr näher, der Königin, immer näher. Er kann doch nicht die Hose am Bauch zusammenhalten, während ihn die Queen begrüßt. Die Hose

rutscht. Hose rechts hoch. Hose links hoch. Der Zeremonienmeister ruft seinen Namen.

Noch zehn Schritt bis zur Queen. Michael schiebt beide Hände gleichzeitig in die Hosentaschen. Sechs Schritte. Er zieht die Hose so hoch er kann. Noch vier Schritte. Er hat das Gefühl, daß der Hosenbund schon unter den Achselhöhlen hängt. Zwei Schritte. Der Hofmarschall schüttelt leicht den Kopf. Michael nimmt die Hände aus den Hosentaschen. Noch einen letzten, großen Schritt bis zur Dame im rosa Tüllkleid. Da – die Hand der Queen.

Ein glucksendes Raunen füllt den Raum. Kaum berührt er die schmale Hand. Ein tiefe Verbeugung. Die Hose rutscht. Linke Hand in die linke Hosenseite, hochziehen. Rechte Hand in die rechte Hosentasche, hochziehen. Sich tief verbeugend, tritt er rückwärts in die Reihen der Gäste.

»What a poor man«, flüstert die Queen.

Der Papst kocht Erbsensuppe

Edith hat geträumt. Der Papst ist ihr erschienen. Plötzlich steht er vor ihr und sagt: »Hallo Edith! Soll ich für dich kochen?«

Edith kann vor Schreck nicht antworten. So nah ist sie dem Papst noch nie gewesen. Der heilige Vater zieht eine karierte Schürze an und öffnet eine Tür, hinter der sich eine riesige Küche befindet.

»Was möchtest du gerne essen, Edith?« fragt der heilige Mann.

»Erbsensuppe. Rheinische Art«, antwortet Edith und beobachtet, wie der Papst einen Topf mit Wasser auf den Herd setzt und schließlich eine Kröte in das brodelnde Wasser wirft.

»Das ist doch keine Erbsensuppe, die Sie da kochen«, ruft Edith empört.

Das Kirchenoberhaupt sieht die Frau streng an: »Alles, was ich koche, wird zu Erbsensuppe, mein Kind.« Edith will noch etwas antworten, doch da wacht sie auf.

Edith erzählt mir diese Geschichte bei ihrem letzten Besuch in Düsseldorf. Ich hätte ihr die Story nie geglaubt, wenn ich nicht wenige Tage später in der Zeitung eine Meldung über den Schauspieler Peter Ustinov gelesen hätte. Von ihm wird berichtet, daß er es vermeide zu träumen, weil er häufig unter Albträumen leidet. Während seines letzten Traums sei ihm der Papst erschienen, erzählt Ustinov: »Er fragte mich: Kann man Aids bekommen, wenn man den Flughafenboden küßt?« Er sei über den Traum so schockiert gewesen, meint Ustinov, daß er sofort aufwachte.

Als ich Werner bei unserem letzten Treffen im »Schiff ahoi« davon erzähle, sagt er mir, daß ihm im Traum ein kleiner, gebückter Mann in einem weißen Nachthemd erschienen sei: »Ob das auch der Papst war?«

Helmut winkt ab: »Da hätte der Papst aber viel zu tun, wenn er jeden Menschen auf der Welt persönlich aufsuchen wollte ...«

Stille Post am Silvesterabend

Danke! Es war ein schönes Silvester! Wir haben uns chic angezogen, viel Geld eingesteckt und sind zum Restaurant gefahren.

Da stellen wir fest, daß mit der Tischreservierung etwas falsch gelaufen ist. Wir hätten nicht nur persönlich vorbeikommen, sondern zur Bestätigung der Reservierung auch noch ein Reservierungsfax schicken sollen, sagt der freundliche Wirt. »Kein Problem, wir stellen einfach einen Tisch dazu ...«

Wunderbar, wir sitzen direkt neben der Eingangstür, genießen die frische Luft, sehen Männer vor der Tür hasten und wichtige Telefonate per Handy führen. Beobachten Männer und Frauen, wie sie fröhlich schwatzend zur Toilette gehen, und die Kellner und Kellnerinnen mit den vollgepackten Tabletts und das, was sie alles an die anderen Tische tragen.

Ein paar Servietten fehlen auf unserem Tisch. Auch ein paar Gläschen Wein, so daß wir das Menü recht nüchtern genießen. Die Suppe riecht wie Championcreme, bis der Kellner fragt, wie die Mandelsuppe geschmeckt hätte. Das kleine Sorbet aus Orangensaft und gestampftem Eis schafft Winterstimmung für lauwarmes Wachtel-Fleisch und die eiskalte Pflaumenfüllung. Die Spinatcreme schmeckt nach Karottenmus und ist raffiniert zu einem Krönchen geformt. Welche Beilagen neben diesem Kunstwerk außerdem noch auf dem Teller liegen, weiß ich nicht mehr, weil ich inzwischen ein paar Flaschen Wein vom Nachbartisch geklaut und mich total betrunken habe.

Ja, danke! Wir haben trotzdem viel Spaß gehabt, das Dessert aus geschmackloser Sahnecreme ignoriert und mit unseren Freunden ganz ausgelassen und in jeder peinlichen Pause sofort »Stille Post« gespielt. So kreativ waren wir Silvester noch nie. Kathrin beginnt mit »Der Hund sitzt in der Regenrinne«. Und am Ende der Runde ist daraus »Der Hund schwitzt in einer fiesen Villa« geworden.

Ja, ein wirklich schönes neues Jahr auch! Was so gut angefangen hat, kann nur noch besser werden ...

BSE und die Folgen

»Ich weiß nicht mehr, was ich noch essen soll«, sagt Nick, mit dem ich im »Schiff Ahoi« an der Theke stehe.

»Du könntest eine Diät vertragen«, antworte ich. »Mach mal Pause!«

»Ich mein' doch wegen BSE.«

»Trink Milch«, empfehle ich und setze mein Alt an die Lippen.

»Mensch, da geht's doch jetzt auch mit los.«

»Jedes Jahr sterben bei uns 500 Kinder im Straßenverkehr. 50.000 werden zum Teil schwer verletzt. Sollen wir jetzt aufs Autofahren verzichten?« frage ich Nick.

Der lächelt. »Eigentlich eine gute Sache. Dann werden weniger Rinder, Schweine und andere Tiere in engen Viehtransportern quer durch Europa gefahren.«

Nick hatte schon immer mehr Mitleid mit den Tieren als mit den Menschen ...

Komische Geschichten

Helga hat Oberkassel vor einem Jahr verlassen. »Ich bin weg. Für immer«, sagte sie zum Abschied. »Vielleicht komme ich ja mal zu Besuch.«
Bis heute ist sie nicht zurückgekehrt, lebt jetzt auf Mallorca. In Sóller, einem Städtchen mit 10.000 Einwohnern, hohen Bergen wie ein Auditorium, einer 100 Jahre alten Eisenbahn und einer historischen Straßenbahn, die vom Bahnhof zum Strand fährt.
Wer allein in die Fremde geht, steht dem Neuen und den Neuen aufgeschlossen gegenüber, lernt viele Menschen kennen und erfährt viele komische Geschichten. Als ich sie treffe, erzählt sie mir von einem Paar aus Fornalutx, einem kleinen Ort in den Bergen. Er, ein Engländer, züchtet kleine Affen in seinem Garten und exportiert sie nach Ecuador, wo sie ausgestorben sind. Sie, eine Amerikanerin, arbeitete früher als Hummer-Fliegerin. Weil sie unbedingt ihr Hobby, das Fliegen, zum Beruf machen wollte, flog sie nachts für ein Restaurant frisch gefangenen Hummer von der Küste ins Landesinnere. Jede Nacht war sie unterwegs: vier Stunden Flug zur Küste, Hummer einladen, vier Stunden Rückflug, Hummer ausladen und zum Kunden bringen. Ein Knochenjob und immer die Sorge, daß die Ladung in ihrem kleinen Flugzeug verrutschen und sie zur Notlandung zwingen könnte.
Helgas Geschichten sind Momentaufnahmen, komisch und wahr. »Manche Menschen hängen an ihrem Leben – über den Tod hinaus«, sagt sie und erzählt von der Spanierin aus Sóller, die mit 90 Jahren starb und jetzt im Haus von zwei Freunden herumgeistert. Sicher, die Freunde haben einen Sinn für Übersinnliches, mag man einwenden. Doch auch Gäste hatten nachts schon unheimliche Begegnungen. »Eine Frau öffnete die Schlafzimmertür und trat mit einem hellen Lichtschein ein«, erzählte ein kleines Mädchen, das

mit ihren Eltern bei den Freunden zu Gast war – sie kannte die Geistergeschichte wirklich nicht.

Man muß diese Erzählungen nicht glauben. Aber die von der ehemaligen Schönheitskönigin aus Dänemark ist wirklich wahr. »Als sie starb, vermachte sie ihrer Freundin Haus und Grund mit der Auflage, sich um ihre 30 Hunde und Katzen zu kümmern«, sagt Helga, »die Frau mußte zwar das Haus verkaufen, weil die Erbschaftssteuer zu hoch ist. Aber von einer Millionen Mark kann man viele Tiere füttern ...«

Helga und ich trinken ein Glas Wein. »Wann kommst du mal nach Oberkassel«, frage ich.

»Ich soll demnächst mit Freunden nach Marokko fahren«, antwortet sie, »eigentlich will ich nicht«.

Peter und der Hund

Peter ist Geschäftsmann. Er arbeitet viel. Sein Privatleben wird vom Terminkalender bestimmt. Bis er seine Nachbarin kennenlernt – und ihren Hund. Seitdem hält Othello, so heißt der Dalmatiner, seinen Peter an der langen Leine. »Morgens um 10 und nachmittags um 3 kann ich keine Termine machen«, winkt er ab, »da gehe ich spazieren«.

Othello führte ihn in die Oberkasseler Gesellschaft ein, die auf den Rheinwiesen. Bei den Hundedamen und ihren Frauchen, den Rüden und den Herrchen. Peters Teint sieht seitdem richtig gesund aus. Seine Laune ist noch besser. Er atmet wieder frei. Der Cholesterin-Spiegel pendelt sich langsam ein. Der Kreislauf macht keine Zicken mehr. Peter geht auch leichtfüßiger.

Er kennt schon viele Leute, die wie er jeden Tag über die Wiesen wandern. Bei Regen oder Schnee. »Es gibt kein schlechtes Wetter. Nur falsche Kleidung«, weiß er heute.

Sein Glück verdankt er dem Unglück der Nachbarin. Die stolperte in den Rheinwiesen über einen fremden Hund ... Prellungen. Schmerzen. Tränen. Nicht wegen der Schmerzen, sondern aus Sorge um das Schicksal von Othello.

»Wer soll sich bloß um meinen Hund kümmern?« fragte sich die verzweifelte Frau, als sie ihrem Nachbarn Peter fast in die Arme fällt. »Wer geht mit ihm spazieren?«

So entstand eine wunderbare Freundschaft – auch mit dem Frauchen. Vielleicht begegnen Sie Peter ja mal auf den Rheinwiesen? Sie erkennen ihn am Hund. Ein Dalmatiner mit weißem, glänzenden Fell und mit schwarzen Flecken in einem Abstand zueinander korrekt nach der Dalmatiner-Züchter-Verordnung. Er ist reinrassig, der Hund.

Und die Moral am Ende der Geschichte? Wenn Sie Menschen kennenlernen möchten, schaffen Sie sich einen Hund an – am besten einen aus dem Tierheim. Dann klappt's auch mit dem Nachbarn ...

Typen wie wir

In Oberkassel leben, wie überall auf der Welt, bestimmte Typen von Mensch. Eben Leute mit Angewohnheiten und Macken, die Nachbarn, Freunde und Bekannte akzeptieren und im günstigen Fall für Originalität halten ...

Da ist der Theken-Steher, ein Mann mittleren Alters, der mindestens drei Mal in der Woche ausgeht, mindestens drei Stammkneipen besitzt und diese an seinen Ausgeh-Abenden hintereinander aufsucht. Er besitzt an jeder der drei Theken einen eigenen Stammplatz und wird leicht frostig, wenn ihn ein Fremder besetzt hat und auch nach mehrmaligem Räuspern und leichtem Drängeln und versteckten Hinweisen im Gespräch mit der Bedienung, die ihn selbstverständlich mit Vornamen anspricht, immer noch keinen Platz macht.

Die Hunde-Herrchen und -Frauchen sind dagegen selten in den Kneipen anzutreffen. Sie meiden das »Carrissima«, »Schiff Ahoi«, den »Oberkasseler Hof« oder das »Pauls«, wo sie höchstens mit Freunden einkehren, die hier fremd sind und unbedingt das berühmte Nachtleben von Oberkassel kennenlernen möchten. Sie ziehen es vor, ihren Tieren am Abend Gesellschaft zu leisten, kuscheln sich mit ihnen gemütlich unter eine Decke auf der Couch und sehen gemeinsam die Fernsehsendungen »Ein Herz für Tiere« oder »Tagesthemen«, wobei der Moderator Wickert wegen seiner ausgeprägten Nase bei den Hunden besonders beliebt ist. Auf den Rheinwiesen demonstrieren sie ihre Verbundenheit mit dem Tier, in dem sie ihm immer auf Blick- und Ruf-Weite folgen. Begegnet den beiden ein Jogger, so ruft Herrchen oder Frauchen: »Der tut nichts!« – damit ist der Jogger gemeint.

Die Hunde-Herrchen und -Frauchen betrachten die Rheinwiesen insgeheim als ihr Eigentum. Nur der Schäfer sieht sich noch als fast vollwertiger Wiesen-Partner akzeptiert. Die Rheinwiesen-Spaziergänger dagegen werden kritisch beäugt. Vor allem, wenn die Hunde-Herrchen und -Frauchen in Kleingruppen zusammenstehen und die Krankheiten ihrer Tiere analysieren oder die neuesten Anti-Hunde-Hetz-Kampagnen besprechen.

Diese Rheinwiesen-Geher kommen meist nicht aus Oberkassel und verbreiten sich in rasanter Geschwindigkeit. Ihre Aufdringlichkeit, die Natur in den Wiesen allein durch Anwesenheit zu stören, wird nur noch von den Kirmes-Besuchern und den Rheinwiesen-Parkern übertroffen. Erstere ergießen ihre Bier- und Sprudeljauche zu Kirmes-Zeiten mit Vorliebe an den Deichen und in den kleinen Vorgärten der Häuser am Kaiser-Wilhelm- und Kaiser-Friedrich-Ring. Die andere Spezies, die Rheinwiesen-Parker, scheinen unter Naturschutz zu stehen. Obwohl sie vor allem zur Sommerzeit beim wilden Parken mit ihren Autos am Ufer des Rheins die Landschaftsschutzbestimmungen mißachten, meiden Polizisten und Ordnungsamtsmitarbeiter die Begegnung mit ihnen.

Die Alteingesessenen, die Hüter der Geschichten und des Gestrigen, erinnern sich gern, daß die Oberkasseler früher auf die Rheinwiesen zum Sonnenbaden gingen. Sie schwärmen auch davon, wie ruhig die Luegallee und ihre Seitenstraßen einmal gewesen sind – bevor sie als Autoparkanlagen für das Geschäftszentrum City genutzt wurden.

Der steigende Verkehr in den Straßen Oberkassels führt dazu, daß die Gattung der Straßen-Schlenderer im Linksrheinischen auszusterben droht. Meist sieht man sie nur noch des Abends im Licht der Straßenlaternen um die Ecken streichen. Dann beobachten sie freundlich die Kneipenbesucher an ihren Stehtischen auf den Trottoirs oder auf den wenigen Quadratmetern Kneipenterrassen, die Stadtverwaltung und Politik den Oberkasselern zugestehen. Auch blicken diese Straßen-Schlenderer interessiert durch die Fenster in die erleuchteten Wohnungen, holen sich Anregungen für das eigene Wohndesign oder kommentieren neue Einrichtungen mit freundlichen oder manchmal auch recht bissigen Kommentaren wie »Die haben auch noch nicht gemerkt, daß es einmal im Monat den Sperrmüll gibt ...«

Manche dieser Straßen-Schlenderer haben Lieblingswohnungen, die sie mehrmals in der Woche in Augenschein nehmen, und es soll vorgekommen sein, daß sich schon mehrere Straßen-Schlenderer vor einer besonders hübschen Wohnung zufällig getroffen und die Besonderheiten des Interieurs diskutiert haben. Die Straßen-Schlenderer sind eine recht harmlose Gattung Oberkasseler und nicht zu verwechseln mit den Spannern und Voyeuren, von denen man in Oberkassel so gut wie keine sieht. Das liegt nicht daran, daß es keine Spanner oder Voyeure gibt – es gibt kaum Sex in Oberkassel. Das Sexualleben in den Oberkasseler Wohnungen ist offensichtlich auf einen Tiefpunkt geraten, seit abends immer mehr Autos auf der Suche nach einem freien Parkplatz durch die Straßen kurven und mit aufheulendem Motor auf Bürgersteige fahren und jegliche romantisch-erotische Stimmung abtöten.

Dazu kommen die Diskussionen, die die Straßen-Schlenderer vorrangig in der Zeit zwischen 22 und 24 Uhr mit den Falsch-Parkern führen. Diese Spezies Mensch ist zahlenmäßig recht groß und gehört zu den Unberührbaren des Stadtteils. Mit ihnen will eigentlich niemand etwas zu tun haben – auch wenn es der eigene Ehemann ist. Die Falsch-Parker parken auf Bürgersteigen, in der ersten Reihe der Fahrbahn, auf Ecken und Zebrastreifen oder halb quergestellt auf Grünanlagen. Sie sind an ihrem Schulter-Zucken zu erkennen. Im Anfangsstadium dieser Krankheit heben sie nur die Schulter, wenn sie auf ihr Falschparken angesprochen werden. Später, im fortgeschrittenen Stadium, zucken ihre Schultern bei der leisesten Veränderung des Geräuschpegels in ihrer Umgebung, weil ihr motorisches Reflexzentrum bei Geräuschen automatisch damit rechnet, wieder von einem Anwohner auf den Regelverstoß aufmerksam gemacht zu werden.

Die Gruppe der Anwohner ist besonders aktiv. Sie schippt nicht nur wintertags Schnee, pflanzt nicht nur sonnentags Stiefmütterchen – Anwohner wissen einfach mehr.

Wer sie nach dem Weg fragt, erfährt gratis alles über das neueste Computer-Sonderangebot von Aldi an der Hansa-Allee, in dem der Oberkasseler gratis mit dem Mercedes oder Smart parken darf.

Der Spezies der Schickis gehören – allen Gerüchten zum Trotz – nicht viele der Anwohner an, und diejenigen, die zu dieser Gruppe zu zählen sind, verleugnen ihre Zugehörigkeit strikt. Schickis zeichnen sich vor allem dadurch aus, daß sie immer chic angezogen sind und vor allem immer wissen, wo man zur Zeit besonders chic essen gehen kann.

Ohne seine Schickis wäre der Stadtteil weniger bunt. Denn die Schwerreichen, von denen in Oberkassel sehr viele wohnen (wie zum Beispiel der Mann von Mannesmann, der seine Identität für 60 Millionen an einen Briten verkauft hat), sind kaum durch Äußerlichkeiten im Oberkasseler Straßenbild auszumachen. Kaum jemand von ihnen trägt noch einen schwarzen Koffer, seitdem ein berühmter Oggersheimer damit Millionen an der Steuer vorbeigeschleust und viele Leute der Staatsanwaltschaft kennengelernt hat. Die Schwerreichen verschanzen sich bevorzugt hinter ihren Alarmanlagen in ihren Dreieinhalb-Etagen-Souterrain-Wohnungen mit Nordterrasse und Garten und betrachten den Zuspruch des unregelmäßig partroulierenden Wachdienstes als amüsante Abwechslung.

Das größte Problem der Schwerreichen in Oberkassel ist, daß es nur wenige zu einer eigenen Garage gebracht haben. Die meisten müssen ihre BMW Z3 und Jaguare am Straßenrand parken und sind so vor allem zur Blütezeit der Bäume und Büsche der Häme der Nachbarn ausgesetzt, die mitleidig lächelnd zusehen, wie die Schwerreichen ihre edlen Autolacke morgens mit kleinen Pinselchen von den Pollenablagerungen befreien. Und damit entpuppen sich die Schwerreichen dann doch als Neureiche, von denen es in Oberkassel noch mehr als Stinkreiche gibt.

Als Gleiche unter Gleichen fühlen sich alle Typen in Oberkassel letztlich nur an den Theken von Otto Mess, Saita und Puppe. Da spielen Typen-Merkmale keine Rolle mehr, und Schwer- und Neureiche sprechen mit Alteingesessenen,

Hunde-Herrchen lästern mit Schickis über die Mit-dem-Auto-Brötchen-Holerin. Die soll übrigens, wie mich ein freundlicher Leser meiner Kolumne vor einiger Zeit per E-Mail wissen ließ, gar nicht mehr so häufig anzutreffen sein, wie ich vermutet habe. Vielmehr soll die Zahl der Über-den-Ring-joggenden-Brötchen-Holer weitaus größer sein – eine sicherlich zu begrüßende Entwicklung im Stadtteil.

Doch zurück zu den Eigentümlichkeiten der Oberkasseler. An der Theke von Puppe soll es ja beim Anblick der immer wieder äußerst kunstvoll errichteten Brötchenpyramiden vorgekommen sein, daß Kunden auch ein freundliches Wort über Künstler wechselten. Das ist eine aussterbende Spezies im Linksrheinischen. Die Künstler ziehen sich allmählich in die Bruchbuden von Bilk und angrenzender Stadtteile zurück, seit in Oberkassel mehr über Lambert und seinen Landart-Stil als über Kunst gesprochen wird. Die Lambert-Dekorationen haben das »Bild« oder »Gemälde« als bevorzugtes Deko-Element in den Oberkasseler Wohnungen erfolgreich verdrängt. Darüber hinaus haben Oberkassels bekanntesten Tiere, die Miethaie, in den vergangenen Jahren verstärkt und erfolgreich Jagd auf preiswerte Künstler-Gauben gemacht und in den Boheme-Etagen Tausende von IT-, Werbung- und Consulting-Mitarbeiter angesiedelt.

In Oberkassel werden den entheimateten Künstlern sicher bald Denkmäler gesetzt, so daß die vielen Büro-Pendler, die heute in den ehemaligen Künstler-Behausungen arbeiten und viel Geld verdienen, immer daran erinnert werden, wie schön das Leben sein könnte, wenn man sich mehr um die Schönheiten des Lebens und weniger um Kohle und Karriere kümmern würde. Der Oberkasseler Verschönerungsverein wird sich der Denkmal-Frage sicherlich gerne annehmen ...

Der Dax in der Bäckerei

»Du spricht ja gar nicht mehr über deine Aktien«, sagt Werner zu Klaus. Manchmal ist Werner bösartig. Er sieht Klaus freundlich von der Seite an, trinkt einen Schluck Alt und läßt seinen Blick durch die »Zille« wandern. »Auch hier wurde früher viel über Aktien gesprochen.«

»Ist nicht die richtige Zeit dafür«, antwortet Klaus. »Scheiß Telekom-Aktien!«

»Haste wenigstens abgesahnt, bevor es runter ging?« Michael hat schon damals davor gewarnt, daß das mit dem Neuen Markt nicht gut gehen konnte.

Klaus lächelt gequält. Denkt an die guten, alten Zeiten, als das Angeberspiel – mein Haus, mein Auto, meine Yacht, mein Pferd, meine Freundin – um eine Variation reicher war – mein Portfolio.

»Ich hab' Zeit«, meint Klaus. »Trinken wir noch'n Alt.«

»Das ist 'ne reelle Sache«, sagt Werner. »Davon kriegste zwar auch einen schweren Kopf. Aber es dauert nur einen Tag.«

Klaus bestellt das Bier bei der freundlichen rothaarigen Kellnerin, die nicht nur schöne Zähne hat, sondern auch so herrlich lachen kann.

»Haste die Kurse immer noch alle im Kopf?« fragt Werner und erinnert daran, daß Klaus die Freunde fast ein Jahr lang mit den Zahlen genervt hat. »Oder sprichst du jetzt lieber wieder über Kinofilme – so wie ganz früher?«

»Daraus sollte man mal einen Kinofilm machen«, antwortet Klaus, »wie die Anleger beschissen werden«.

»Haste dein Geld nicht freiwillig angelegt?« fragt Michael.

»Alle haben so getan, als könnte man nur gewinnen«, sagt Klaus – traurig. Damals gab es keine Bäckerei in Oberkassel, an deren Theke nicht über Dax, Nemax, Kostolany und Börsenspiele geredet wurde. An den Bankschaltern im Stadtteil ging's zu wie am Kiosk an der Ecke – da traf sich die ganze Nachbarschaft zum Plausch über Kursgewinne.«

Wenn von der neuen deutschen Welle gesprochen wurde, meinte man nicht den Radiosender oder die Musikrichtung, sondern den neuen Markt. »Ich bin riesig im Plus« hatte nichts mit dem Kontostand auf dem Girokonto zu tun – der war bei manchen ordentlich in den Miesen, weil die Aktien auf Pump gekauft wurden. Und in den Werte-Diskussionen, die geführt wurden, spielten Sitte und Moral keine Rolle – nur die neuen Werte.

»Es ist an der Börse wie mit der Liebe«, meint Michael, berühmt für seine schrägen Bonmots, »wenn es am Schönsten ist, sollte man sich eigentlich trennen. Aber alle hoffen, daß es immer noch viel schöner wird ...«

»Klar«, ergänzt Werner, »mit der Liebe ist es wie mit dem Aktienkurs – immer auf und ab«.

»Wenn das so ist, muß ich mir ja keine Sorgen machen«, sagt Klaus – endlich wieder Oberwasser im Gehirn, »Telekom hat heute fünf Prozentpunkte plus gemacht. Scheint sich ein zweiter Frühling anzukündigen. Wollt ihr nicht noch schnell einsteigen?«

»Das ist dein Bier«, winkte Werner ab. »Und tröste dich: Viele Experten meinen ja, daß Aktien langfristig die besten Geldanlagen sind. Die müssen nur 30 Jahre liegen bleiben.«

Michael klopft Klaus herzlich auf die Schulter: »Glückwunsch! Da kannste Dir ja mit 80 deinen Traum erfüllen und endlich das Eigenheim in Meerbusch kaufen.«

Vom Sinn und von Geld

»Ich langweile mich so«, klagt Dieter, als ich ihn in der »Laterne« am Belsenplatz treffe.

»Dann iß nicht so viele Muscheln«, antworte ich, weil mir nichts besseres einfällt.

»Mein Leben ist so wenig ausgefüllt. Ich möchte endlich einmal etwas Sinnvolles tun.«

Ich sehe meinen Freund aus lang verblaßten Oberkasseler Kneip-Tour-Tagen irritiert an. »Hast du deine Rolex verloren? Ist dein Porsche kaputt? Passen Dir deine Boss-Anzüge nicht mehr?«

Dieter winkt ab. »Schlimmer! Ich bin mein Geld satt.«

Das ist ein gutes Stichwort. »Da kann ich Dir helfen.«

Ich blättere im Stapel meiner Zeitungen und reiche ihm eine kleine Meldung. Dieter liest: »Die Autoren Günter Grass und Carola Stern sowie der Pädagoge Hartmut von Hentig haben alle Deutschen dazu aufgerufen, je 20 Mark zu spenden, um ehemalige Zwangsarbeiter zu unterstützen, weil man sich nicht auf die Moral der Wirtschaft verlassen könne. Das Konto, auf das bereits mehr als 150.000 DM eingegangen sind: Bundeskasse Bonn, Kontonummer 380 001 060, Stichwort Zwangsarbeiterentschädigung, BLZ 380 000 00, Landeszentralbank.«

Dieter sieht mich traurig an. »Nur 20 Mark soll ich geben? Davon werd' ich auch nicht glücklicher ...«

»Versuchs trotzdem«, sage ich und gehe an die Theke. Manche sind auch nie zufrieden ...

Killerfahrer bitte melden

Ich sitze in den Rheinwiesen und beobachte die Hundebesitzer, wie sie mit ihren gefährlichen Raub- und Kampftieren über die Wiesen patrouillieren. Gut geschützt durch Medienkampagnen, Maulkorb- und Leinenzwang drehe ich schließlich der Gefahrenzone den Rücken zu. Ich lese die Zeitung, und da mich das Sonnenlicht blendet, verschwimmen die Wörter und Zeilen in einem Artikel über Killerhunde mit der Überschrift »Pitbulls bitte melden« vor meinen Augen, so daß sich mir ein etwas veränderter Text aufblättert: »*Killerfahrer bitte melden! – Die Bundesländer tun sich schwer, gegen Todesfahrer vorzugehen*

Der Tod von rund 50 Kindern und fast 50.000 zum Teil schwerverletzten Kindern und Jugendlichen pro Jahr durch Unfälle im Straßenverkehr schockierte die Republik. Es muß etwas geschehen, da waren sich Politiker und Kommentatoren einig. Doch nun, Wochen nach Bekanntwerden der Zahlen, sind die Bemühungen um eine bundeseinheitliche Regelung für den Umgang mit gefährlichen Autofahrern offenbar gescheitert. Ein Sprecher des schleswig-holsteinischen Innenministeriums sagte, es sei nicht gelungen, die dafür notwendige Einstimmigkeit der Innenministerkonferenz zu erreichen, deshalb sei nur der ›kleinste gemeinsame Nenner‹ möglich gewesen.

Mittlerweile ist auch in vielen Ministerien klargeworden, wie schwer es ist, wirksam gegen das Verhalten aggressiver und leichtsinniger Autofahrer vorzugehen. In vielen Bundesländern sind die Meldefristen abgelaufen; wenn sich ein Autofahrer als Kampffahrer meldet, muß er erhöhte Pkw-Steuern zahlen und in den meisten Ländern muß sich ein Kampffahrer einer Wesensprüfung unterziehen. In Hessen haben sich seit Mitte Juli ungefähr 6.500 Autofahrer gemeldet, in Berlin 2.800. Doch schätzt die Berliner Sozialsenatorin Gabriele Schöttler, daß mindestens ebenso viele Kampffahrer nicht gemeldet sind.

In Hamburg, wo die Frist Ende August ablief, haben sich nur 400 Fahrer angemeldet und zahlen damit auch die auf 1.200 Mark erhöhte Kampffahrersteuer; man schätzt, daß bis zu 3.000 Fahrer nicht registriert sind. Ein Kontrolldienst hat mittlerweile die Führerscheine von 20 Fahrern eingezogen, weitere 15 wurden von Polizeistreifen auf Anzeigen hin in Fahrerlager gebracht. Ein Killerfahrer wurde bislang eingeschläfert.

In der Folge verschiedener Todesfälle waren bundesweit die Straßenverkehrsverordnungen verschärft worden; ein Importverbot für Killerfahrer wurde erlassen; Kampffahrerfreunde sprachen von ›Diskriminierung‹. Doch die neuen Kampffahrerverordnungen der Länder sind weniger scharf geraten, als von Autofahrern befürchtet. Hessen hatte Anfang Juli angekündigt, 16 Fahrertypen verbieten zu wollen. Mitte August nahm Innenminister Volker Bouffier die Eilverordnung aus Gründen der ›Differenzierung‹ in Teilen zurück. Nunmehr stehen lediglich der Raser, der Drängler und der Tempo-30-Vorschriften-Ignorant auf der Liste der aggressiven Fahrer, für die eine besondere Fahrergenehmigung nötig ist. In Nordrhein-Westfalen, wo Innenminister Fritz Behrens noch Ende Juni von neun ›komplett zu verbietenden‹ Fahrertypen gesprochen hatte, werden derzeit erst die Ausführungsbestimmungen für die Fahrerverordnung den Fraktionen zur Anhörung vorgelegt. Nach Angaben des Umweltministeriums werde es für alle Fälle eine Ausnahmegenehmigung geben. Familien von Killerfahrern würden in der nächsten Zeit angeschrieben, damit sie ihre Verwandten zum Wesenstest vorführen. Nur wenn ein Fahrer den Test nicht bestehe, unterliege er dem Tempomat-Zwang.«

Plötzlich spüre ich etwas Feuchtes im Nacken. Ein Pitbull schaut mir über die Schulter, schüttelt den mächtigen Kopf und knurrt: »Immer diese Autofahrer ...«

KRIEG GEGEN DIE ZIVILISATION

Es ist keine gemütliche Kneipenrunde, die da am langen Tisch hinten rechts im »Prinzinger« sitzt. Alle Gesichter sehen ernst aus. Manche traurig, wie seit Tagen schon.

Henry Miller, der amerikanische Schriftsteller, sagt: »Jeder Krieg ist eine Niederlage des menschlichen Geistes«.

Marcus Tullius Cicero, der berühmte römische Staatsmann und Redner, stimmt ihm zu: »Der ungerechteste Frieden ist immer noch besser als der gerechteste Krieg«.

Aischylos, ein griechischer Dramatiker, der die ganze Zeit geschwiegen hat, beugt sich jetzt vor: »Im Krieg ist die Wahrheit das erste Opfer«.

Bert Brecht, auch Dramatiker, sieht schon die ganze Zeit aus dem Fenster und beobachtet die Leute auf der Luegallee. Jetzt sagt er: »Das große Karthago führte drei Kriege. Es war noch mächtiger nach dem ersten, noch bewohnbar nach dem zweiten. Es war nicht mehr auffindbar nach dem dritten.«

Alle schweigen. Sie stehen noch unter dem Eindruck der Terror-Attentate auf das World Trade Center in New York und das Pentagon in Washington. Sie haben noch die schrecklichen Bilder der Flugzeug-Explosionen im Kopf, die sie im Fernsehen gesehen haben.

US-Außenminister Colin Powell sagt: »Es ist ein Krieg nicht nur gegen die Vereinigten Staaten, sondern gegen die Zivilisation.«

Bundeskanzler Schröder stimmt ihm zu: »Das ist eine Kriegserklärung an die gesamte zivilisierte Welt«. Er kündigte Unterstützung an – durch das deutsche Militär und die Armeen der NATO.

US-Präsident George Bush bekräftigt das: »Der erste Krieg des 21. Jahrhunderts.«

Alexander Lortz, Völkerrechtler an der Universität Düsseldorf, wendet sich an Bush: »Aus völkerrechtlicher Sicht gibt es keine Veranlassung, die Terrorakte als Krieg zu bezeichnen.« Nur dann, wenn die USA den Nachweis erbringen, daß hinter den Terrorakten ein Staat steht, könne von einem Krieg gesprochen werden.

»Würden deutsche Politiker in den Krieg ziehen, wenn Flugzeug-Entführer die 17.000 Einwohner von Düsseldorf-Oberkassel bei einem gezielten Absturz einer Boeing 737 auf die Antonius-Kirche mit in den Tod gerissen hätten?« frage ich in die Runde. Schröder sieht mich entsetzt an, als hätte ich ihm gerade das Kanzleramt bombardiert. »Sind wir in den Krieg gezogen, als 1986 in der Berliner Diskothek »La Belle« zwei US-Soldaten und eine Türkin ums Leben kamen und über 200 Menschen zum Teil schwer verletzt wurden? Wurde der Krieg erklärt, als 1988 ein Jumbo-Jet über dem englischen Lockerbie detonierte und 270 Menschen starben?«

Jemand in der Runde meint, daß die Amerikaner nach Berlin das libysche Tripolis bombardiert und dabei 36 Menschen getötet haben.

»So, wie es heute aussieht, haben nicht die Truppen eines Landes, sondern Terroristen, die Attentate verübt«, sage ich, »Terroristen, ob es nun Kampfgruppen des Osama bin Laden, Links- oder Rechtsradikale sind, wurden bis heute als Kriminelle betrachtet und die Mittel, mit denen sie bekämpft wurden, sind in zivilisierten, demokratisch regierten Ländern die der Polizei und der Geheimdienste«.

George Bush winkt ab: »Das war ein kriegerischen Akt.«

»Ein neues Schlachtfeld«, unterstützt Donald Rumsfeld, der amerikanische Verteidigungsminister, seinen Boss.

»Terrorismus hat für mich immer etwas von einem gefährlichen Sport, so wie schwierige Bergbesteigungen oder die Großwildjagd gehabt«, meint der Schriftsteller Stanislaw Lem. Die Männer am Tisch finden diesen Einwurf etwas ungewöhnlich und wenig passend in der Diskussion. Sie gehen auf Lem nicht weiter ein und sprechen darüber, ob Staaten und ihre Militärs wegen terroristischer Anschläge von Interessengruppen gegen andere Länder, zum Beispiel Afghanistan, Krieg führen dürfen. Und das auf Kosten einer

Bevölkerung, die von einem diktatorischen Regime unterdrückt wird. Terroristen haben kein Mandat eines Volkes oder eines Staates, das bekämpft werden könnte, meint jemand. Allenfalls würden die Terroristen von Verbrechern oder Diktatoren gefördert. »Muß ein Volk deswegen sterben?« frage ich.

In diesem Moment kommt die hübsche Kellnerin an den Tisch und fragt, ob wir noch was trinken möchten. Alle bestellen Wasser. Keiner Bier oder Wein. Keinem ist nach Besäufnis, obwohl doch eigentlich ein Anlaß wäre, sich bis zur Bewußtlosigkeit zu betrinken.

George Bush regt die Diskussion wieder an: »Wir werden nicht eher ruhen, bis wir Rache genommen haben.«

Ein paar Sekunden herrscht Schweigen und Betroffenheit am Tisch. »Gefühle der Vergeltung und Rache sind keine guten Ratgeber«, antworten Manfred Kock, der Präses der Evangelischen Kirche, und Kardinal Karl Lehmann wie aus einem Mund.

Johannes Rau, der Bundespräsident, wendet sich an Schröder und erinnert an das, was er 1994, damals noch als Ministerpräsident von Nordrhein-Westfalen, gesagt hat: »Gerade als Deutsche müssen wir in der Welt dazu beitragen, daß nicht nur an Militär gedacht wird, wenn es um die Schlichtung von Konflikten geht.«

Die Schriftstellerin Isabel Allende unterstützt ihn: »Für Menschen, die den Terror und die Folter überlebt haben, ist der Versöhnungsgedanke unerträglich. Ich würde niemals wagen zu sagen: Liebe deine Feinde. Aber wir müssen an unsere Kinder und Enkel denken, statt uns gegenseitig mit Vernichtung und Haß zu verfolgen.«

»Warum führt Amerika nicht einen Gerichtsprozeß gegen den mutmaßlichen Terroristenführer bin Laden und seine mutmaßlichen Attentäter und Helfer?« fragt jemand aus dem Kreis der Menschen, die sich nach und nach um die prominente Runde im »Prinzinger« versammelt haben.

»Dann kann Amerika die Beweise für die Schuld der bin Laden-Terroristen auf den Tisch legen. Und ein ordentliches Gericht urteilt über die Täter«, sagt ein anderer.

»Oder fehlen vielleicht die echten Beweise für ihre Schuld?« wirft ein anderer ein, »nach denen im Kriegsfall nicht gefragt wird?«

Bush und seine Minister und auch Schröder verabschieden sich. Alle habe Verständnis. Die Männer haben ja im Moment viel zu tun und keine Zeit, um mit Schriftstellern und Wissenschaftlern über ihre Entscheidungen zu diskutieren.

»Bye, bye«, ruft Herbert Hoover, der 31. Präsident der Vereinigten Staaten von Amerika, den Gehenden nach. Er hat Zeit. Muß nicht mehr regieren und reagieren.

»Ältere Herren erklären den Krieg«, sagt Hoover ernst, »aber es ist die Jugend, die kämpfen und sterben muß«.

DICHTERSTUNDE

Lese-Termin in Oberkassel. Werner zeigt Interesse, als ich Ihm erzähle, daß ich meine Lieblingsszenen aus meinen Büchern vorlesen will. »Literatur in Häusern der Stadt, heißt die Veranstaltung«, berichte ich stolz. »Und ich bin dabei. Zwanzig Schriftstellerinnen und Schriftsteller. Die lesen eigene Texte, und Schauspieler die von Autoren wie Kafka.«

»Da wirst du sicherlich dein Publikum finden«, sagt er freundlich, läßt sich aber keinen Platz reservieren.

»Jeder liest irgendwo anderes. Einer im Foyer der Victoria-Versicherung, einer im Haus einer Innenarchitektin. Einer sogar in einer Schreinerei, und ich in einem Fotostudio auf der Luegallee 18«, versuche ich den Jugendfreund zu ködern, »gar nicht weit von Dir weg.«

Werner nickt freundlich und meint, ich könnte ja auch ein paar neue Fotos für meinen Paß und meinen Führerschein gebrauchen: »Du siehst darauf immer noch aus wie von 1968. Vielleicht knipst der dich, wenn du gut liest.«

Jürgen, mein zweiter Jugendfreund, will unbedingt kommen, bis ihm im Verlauf unseres Gesprächs einfällt, daß er eine Verabredung hat: »Das Mädchen hat leider eine Literatur-Allergie.« Christel reagiert erst gar nicht auf mein Telefax; überhaupt bleibt mein Telefon bis zum Abend der Lesung auffällig ruhig.

Eine Stunde vor Veranstaltungsbeginn treffe ich im Fotostudio von Michael ein. Ich schleppe einen Koffer voller Bücher hoch in den zweiten Stock. Als ich ihn öffne und meine Bücher auf dem Tisch drapiere, sagt Michael: »Einen schönen Koffer haben Sie. Rimowa ist ja auch eine gute Qualität.«

Ein Schriftsteller freut sich über jedes Wort der Anerkennung, und ich schenke meinem Gastgeber spontan meinen neuen Roman mit einer ganz persönlichen Widmung für den gelungenen Leseabend, der noch gar nicht stattgefunden hat. In Hotels gebe ich auch immer vorher das Trinkgeld, damit der Service während meiner Anwesenheit funktioniert.

Dann treffen die Gäste ein. Jeder von ihnen zahlt 25 Mark Eintritt, nicht etwa, weil ich es mir wert bin oder den Leuten bei Dichtern oder Schriftstellern das Geld so locker sitzt. Nein, selbst Grass, der Ernste, oder Hacke, der Lustige, oder Westermann, die Regionale, können nicht mehr als zehn Mark für ihre Lesestunde nehmen. Für mich zahlt man 25 Mark, weil es ein Büfett gibt. Und Wein, Bier und Mineralwasser ohne Geschmack. Qualität hat eben ihren Preis.

Während sich die Stuhlreihen füllen und die Gäste überlegen, ob sie lieber auf einem blauen Stuhl von IKEA, einem Eichenstuhl von der spanischen Großmutter der Ehefrau oder auf einem wackligen 68er-Stuhl aus der Studentenzeit des Hausherrn sitzen möchten, bearbeite ich die Tastatur am Computer von Michel und suche eine Geschichte, die ich vor einem Jahr in oberkassel.de veröffentlicht habe. »Die möchte ich unbedingt vorlesen«, erzähle ich meinem Gastgeber, der mir skeptisch über die Schulter blickt und sich vermutlich fragt, ob ich mir noch schnell ein paar Texte von anderen Autoren klaue, damit ich was Vernünftiges zum Vortragen habe. Endlich finde ich sie: »Die schwarze Mamba« heißt der Titel, was den Gastgeber erst recht beunruhigt – er schickt seine 13jährige Tochter zu den Nachbarn zum Fernsehen: »Du magst doch Jauchs Quizshow so gern.«

Damit hat Michael das Durchschnittsalter meiner Zuhörer wieder rapide angehoben, und ich stecke einige respektlose Geschichten vorsichtshalber in die Aktentasche zurück – man muß das Publikum ja nicht mit Gewalt vergraulen.

Während Michael noch mit seiner Tochter diskutiert, greift ein anderer Gast nach meiner »schwarzen Mamba«. »Interessant«, sagt er mit skeptischem Augenaufschlag, »ist die auch jugendfrei? Ich mag nämlich dieses perverse Zeug nicht«. Heimlich schiebe ich auch noch die Story von der Katze auf dem Dach in die Aktentasche. Damit habe ich bei den 18jährigen immer Erfolge gefeiert, weil die sich noch wünschen, als Katze über die Hausdächer zu schleichen und den Leuten abends in die beleuchteten Fenster zu sehen. Mit wachsendem Alter steigt die Angst, aus dem vierten Stock zu fallen. Bei der letzten Lesung hat mir ein 70jähriger empfohlen, doch von der Geschichte nur noch den Schluß stehen zu lassen und dann das Leben im Rollstuhl zu schildern. »Wir brauchen sozialkritische Stoffe. Nicht so'n Sexzeug, bei dem sich bei keinem mehr was regt.«

Ein paar Leute stehen noch unschlüssig im Raum herum. Sie blicken verstohlen zum kalten Büfett, trauen sich aber nicht, vor der ersten Leserunde den Frikadellen-Hügel zu erobern. Die meisten, blicken erwartungsvoll auf den riesigen Eichentisch mit dem zierlichen Armsessel dahinter. Vermutlich denken Sie: Da wird er also sitzen, der Typ, dem wir 25 Eier in die Kasse geschüttet haben.

Ich pflege noch etwas Konversation. Wir Schriftsteller von heute sind ja mehr Dichter zum Anfassen. Wir geben uns volksverbunden freundlich. Wer uns fürstlich bezahlt, bekommt von uns jede Geschichte erzählt, auch wenn sie nicht stimmt. Und Starallüren kann man sich in der Mittelklasse ohnehin nicht erlauben.

»Gestern Abend waren wir auf einer Lesung. Es war schrecklich«, erzählt das sympathische Ehepaar, das ich in ein Gespräch verwickelt habe. »Einfach langweilige Geschichten«, sagt er.

»Und lesen konnten die Autoren auch nicht«, sagt sie.

»Es ist ja nicht jedem Dichter gegeben, seine Texte zu lesen«, wende ich zaghaft ein.

»Dann sollten sie lesen lassen«, sagt er.

»Die Veranstalter hätten sich vielleicht vorher erkundigen sollen, was gelesen wird«, sagt sie.

Mein Gastgeber greift spontan in meine Aktentasche und blättert verstohlen in den Manuskripten. Ich sehe, wie sein Gesicht die Farbe wechselt, lasse mir aber nichts anmerken. Um davon abzulenken, zeige ich Verständnis: »Hoffentlich kann ich heute Ihre Erwartungen erfüllen.«

»Davon bin ich überzeugt«, sagt er.

»Sie haben Klasse«, sagt sie.

Ich gehe durch den Mittelgang zwischen den Stuhlreihen zu dem schweren Eichentisch. Solche Tische haben schon manchen Dichter vor der pöbelnden Entrüstung des Publikums geschützt; zur Seite gekippt kann man sich hinter der Holzplatte prima vor Wurfgeschossen wie leeren Lambrusco-Flaschen und halbleeren Coladosen in Sicherheit bringen und muß den Vortrag nicht frühzeitig beenden.

»Herzlich willkommen!« Ich lächele mein Publikum an, ganz besonders das Ehepaar, daß am Vorabend so schlechte Erfahrungen gemacht hat. Der Fotograf hat seine ganze Lampenbatterie auf meinen Sitzplatz gerichtet. Vermutlich will er damit einem Kunden aus der Werbebranche zeigen, wie gut er für teure Fotoproduktionen ausgestattet ist. Ich komme mir vor wie in einem Brutkasten.

Zum Aufwärmen lese ich eine Geschichte über das Verkaufen von Büchern und darüber, wie meine Freunde auf meine Bücher reagieren. Es macht nichts, daß ich in der Story über meine Freunde herziehe und erzähle, wie mies sie sich mir gegenüber benehmen. Sie kommen ja sowieso nie zu meinen Lesungen. Mein Publikum amüsiert sich köstlich. Nur der Mann und die Frau mit dem Horrorerlebnis vom Vorabend blicken zwischen verhaltenen Lachern etwas skeptisch.

Ich verabschiede mich spontan von zwei ernsten Lieblingsszenen aus meinem Mallorca-Roman »Der Sieg der Taube«. Eigentlich wollte ich diese beiden Kapitel unbedingt vorlesen. Aber ich möchte den beiden netten Menschen nicht auch noch diesen Abend verderben. Ist doch richtig mutig von ihnen, es heute noch mal mit Literatur live zu wagen, wo doch Reich-Ranicki in einer Parallelveranstaltung im Fernsehen mit seinem literarischem Quartett musiziert.

Ich lese noch eine Geschichte über das Buch-Verkaufen. Die kommt immer an, weil sich die meisten Menschen darüber amüsieren, wie blöd sich Schriftsteller anstellen, wenn sie ihre Bücher mal selbst verkaufen wollen. Die Dichter tun immer so, als verkauften sie gute Butter in Goldpapier, dabei essen die Leute am liebsten Margarine. Auf jeden Fall sind die Zuhörer schon richtig locker und husten und räuspern sich ungeniert und so oft es eben geht, und von Zeit zu Zeit wehen auch die ersten Verbesserungsvorschläge zu mir herüber: »Die Betonung hätte er ja auch mal üben können.«

Ich verzichte auf das ganz ernste und ganz lange Kapitel aus »Der Sieg der Taube«, wo sich der Priester und die Kommissarin nicht näher kommen, sondern über Gut und Böse und die Gemeinsamkeiten ihrer Berufe sprechen. Stattdessen entschließe ich mich, vor der Pause noch mal so richtig Gas zu geben und die humoristische Linie konsequent zu fahren.

»Jetzt lese ich aus einem Bestseller, an dem ich gutes Geld verdiene, den ich aber nicht selbst geschrieben habe«, sage ich. Alle klatschen begeistert. Für die Interpretation dieser freundlichen Geste bleibt mir keine Zeit. Als geschulter Vorleser weiß ich, daß man die aufwogende Sympathie der Zuhörer unbedingt für die nächsten Texte nutzen muß. »Er heißt ›Ganz Deutschland lacht – die Geschichte der Bundesrepublik im Spiegel ihrer Witze‹. Geschrieben haben es meine Freunde Chris Howland, Michael Lentz und Dieter Thoma.« Alle klatschen wieder. »Ich hatte die Idee zu dem Buchthema, als die Drei vor ein paar Jahren zu mir kamen, weil sie viele Witze gesammelt und sie zwischen zwei Buchdeckeln verpacken wollten.«

Als ich die Namen aufzähle, geht ein Raunen durch den Raum. »Das kenne ich«, flüstert jemand in der letzten Reihe auf einem blauen Ikea-Stuhl, so laut, daß auch ich es ja höre: »Das ist gut. Hoffentlich liest er nur noch daraus vor.« Alle lachen. Ich auch und sage, daß ich die Spannung noch etwas erhöhen möchte: »Ganz Deutschland gibt es erst nach dem kalten Krieg am Büfett. Kleine Pause.«

Während ich aus den Augenwinkeln beobachte, wie das letzte Stück Gemüse-Quiche abgeräumt und die Schüssel mit dem Blumenkohl-Salat ausgeleckt wird und auch das letzte Stück Fladenbrot in einer Jackentasche verschwindet, unterhalte ich mich mit einer netten älteren Dame. Sie erzählt, daß ihre Nichte auch so schöne Geschichten schreibt wie ich. »Ich werde ihr von diesem Abend erzählen«, sagt sie, »das kann die doch auch, vielleicht sogar besser«.

»Vielleicht sollte die Nichte erst mal ein Buch schreiben«, wende ich vorsichtig ein.

»Ach was! Hier sind heute 30 Leute mal 25 Mark. Macht 750 für das bißchen Lesen. Warum sollte die denn noch ein

Buch schreiben, wenn sie so schnell mit Vorlesen Geld verdienen kann?!«

Ich beobachte, daß gerade das letzte Stück Camembert gegessen wird. Auch von dem Rosé scheint nichts mehr übrig geblieben zu sein. Enttäuscht setze ich mich wieder in meinen Dichtersessel.

»Jetzt aber Witze«, ruft es aus der zweiten Reihe. Ich nehme mir vor, den Spießer zu ärgern, dem ich meine »schwarze Mamba« nicht vorlesen darf. Ich erzähle den Witz mit den italienischen Schuhen, der Lieblingswitz von meinem Freund Michael.

Ein Mann hat sich ein Paar sehr auffällige italienische Schuhe gekauft: weißes Leder mit schwarzen Lackkappen. Um seine Frau zu überraschen, hat er sie nach der Anprobe im Geschäft sofort anbehalten.

Als der Mann nach Hause kommt, sitzt die Ehefrau vorm Fernseher, ißt Kartoffelchips, trinkt eine Flasche Bier. »N' Abend, Schnullermaus«, sagt der Mann. »N' Abend, Alter«, antwortet die Frau, ohne ihn anzusehen.

Er zögert einen Moment, dann fährt er fort: »Kannst du mich vielleicht mal 'n Augenblick angucken?«

Sie dreht ihm den Kopf zu, betrachtet den Mann von oben bis unten und wendet sich wieder ab. »Fällt dir an mir nichts auf?« fragt er irritiert.

Sie hebt die Schultern, konzentriert sich auf den Bildschirm und meint: »Du siehst müde aus, wie immer. Wirst dir wohl gleich die Bratkartoffeln aufwärmen, 'ne Pulle Bier trinken und ins Bett gehen. Wie immer.«

»Oh, warte«, denkt der Mann, »das kriegst du wieder.« Er geht ins Schlafzimmer, zieht sich bis auf die neuen Schuhe aus und kehrt splitternackt ins Wohnzimmer zurück. Wieder baut er sich vor ihr auf, wieder beachtet sie ihn nicht, und wieder sagt er: »Kannst du mich vielleicht mal 'n Augenblick angucken, Schnullermaus?«

Die Frau knuspert an einem Kartoffelchip, trinkt Bier und mustert ihren Mann von oben bis unten.

»Na?« fragt er, »fällt dir an mir immer noch nichts auf?«
»Was soll mir an dir schon auffallen?« sagt die Frau gelangweilt. »Er hängt. Wie immer!«

»*Ja, ja*«, *reagiert der Mann aufgebracht,* »*er schaut sich nämlich meine neuen italienischen Schuhe an.*«

Daraufhin sagt die Frau: »*Na, da hätteste dir aber besser 'n neuen Hut gekauft.*«

Alle lachen wie erwartet in zwei Lachsalven wegen der doppelten Pointen. »Vielleicht möchten Sie zwischendurch auch ein Kapitel aus meinem neuen Roman ›Der Sieg der Taube‹ hören«, frage ich vorsichtig. Die Blicke der Zuschauer wandern interessiert zur Wand an meiner linken Seite. Da hängen die Bilder meines Gastgebers. Sehr schöne Portraits. Auf jedem Foto sind zwei Menschen zu sehen, die sich in der Fernsehsendung »B. trifft« begegnet sind. Bettina, die Moderatorin, und Michael, der Fotograf, haben daraus sogar ein tolles Buch gemacht. Vielleicht hätte Michael lieber aus seinem eigenen Buch vorlesen sollen.

Ich greife trotzdem nach meinem neuen Roman. Er hat einen sehr auffallenden, roten Umschlag, und sofort wird das Räuspern und Husten und schwere Atmen, das vollkommen verschwunden war, während ich die Witze vorlas, wieder lauter.

»Na gut«, sage ich, »dann vielleicht eine Geschichte von einem Schriftsteller, der erzählt, wie es ihm während einer Lesung ergeht«.

»Wenn sie lustig ist, gerne«, sagt die alte Dame, die mit der Enkelin.

Ich lese. Und während ich lese, vergesse ich mein Publikum und denke nicht mehr daran, daß ich eigentlich ja Lieblingsszenen aus meinem neuen Roman vorlesen wollte. Als ich den letzten Satz vorgelesen habe, blicke ich auf. Der Raum ist leer, bis auf die alte Dame in der ersten Reihe: »Ich soll Ihnen von Ihrem Gastgeber sagen, daß er im Prinzinger auf sie wartet. Er gibt ein Bier aus.«

»Was machen Sie denn noch hier«, frage ich.

»Ach wissen Sie, junger Mann«, sagt sie, »ich würde gern erfahren, wie man sich als Autor fühlt, wenn ein Tag so mies zu Ende geht«.

INTERVIEW FÜR'S WHO'S WHO

»Wir möchten Sie gern ins Who's who aufnehmen!«
»Mich!?«
»Ja. Sie kennen Who's who?«
»Ja.«
»Unser Redakteur möchte vorbei kommen und ein Interview machen.«
»Aha.«
»Die Geschichte kostet nichts.«
»Fein.«
»Wenn das Interview gemacht ist, erhalten Sie nach 14 Tagen einen Korrekturabzug.«
»Gut.«
»Unser Redakteur wird Ihnen das Buch mitbringen, dann können Sie es sich ansehen.«
»Schön.«
»Dann müßten wir nur einen Termin ausmachen. Unser Redakteur ist nicht immer in Düsseldorf.«
»Klar.«
»Am 18. ist er wieder da.«
»Moment.« Ich sehe in meinem Kalender nach.
»Um 10.30 Uhr bei Ihnen.«
»Das ist ja schon morgen.«
»Ja.«
»Wie lange dauert das Interview denn?«
»45 Minuten sind für sie vorgesehen.«
»So viel Zeit – nur für mich?«
»Ja. Wir geben uns viel Mühe.«
»Das freut mich sehr!«
»Vielleicht halten Sie ein Foto bereit, daß wir veröffentlichen können. Vielen Dank und ein schönes Wochenende.«

So kommt man also ins Who's who. Vor über 20 Jahren habe ich zum letzten Mal von diesem Buch gehört. Es war in manchen Kreises so geachtet wie die Bibel. Wer nicht drin stand, existierte nicht. Inzwischen haben Klatschkolumnen und Promi-Blätter das Who's who als Promi-Börse abgelöst. Prominenz ist schnellebiger geworden. Heute noch Jenny, morgen schon Slatko. Manche Berühmtheit überlebt keine Buchproduktion.

Ich bin nicht eitel. So was brauch' ich nicht – oder doch?

»Sind Sie der Journalist und Schriftsteller? Ich bin von Who's who!« Ein kleiner, freundlich lächelnder Mann, vielleicht 45 Jahre alt, kleiner Schnurrbart, hochgezogene Schultern, leicht gebückte Haltung steht in der Tür. Als er in meinem Büro die Bücherwand sieht, ist ihm wohl schon klar, daß da kein weiteres Buch hineinpaßt.

»Ihre Mitarbeiterin hat sie schon angekündigt«, sage ich, um ein Gespräch in Gang zu bringen.

»Was hat sie denn gesagt?«

»Daß Sie mich interviewen wollen.«

Der kleine Mann lächelt gequält. »Ganz so ist das nicht. Das ist ein Geschäft. Wir schreiben in unserem Who's who, wenn Sie unser Who's who auch kaufen. Wir liefern Ihnen das Buch in verschiedenen Ausfertigungen und dazu eine CD, auf der Ihr Interview steht.«

»Wer steht denn drin?«

»Prominente. Menschen, die etwas geleistet haben?«

»Ich?«

Der kleine Mann lächelt wieder gequält und zieht die Schultern noch ein wenig höher.

»Was kostet das denn?«

Der kleine Mann greift in seinen schwarzen Aktenkoffer und holt ein ebenso schwarzes Buch im ebenso schwarzen Schuber hervor. »661 Mark in Leinen. 1003 Mark in der Edelausgabe. Alles vierbändig. Das ist der erste Band. Wird alle zwei Jahre ergänzt.«

Ich nehme das Buch in die Hand und blättere darin. Außen schön repräsentativ. Würde trotzdem in meiner Regalwand zwischen den vielen bunten Titeln untergehen. Das ist ein Buch für Leute, die nur ein Buch besitzen und es nach zwanzig Jahren gern mal gegen eine neues auswechseln möchten. 2000 Dünndruckseiten zusammengehalten von einem Umschlag mit Goldprägedruck. Es liegt so gewichtig in der Hand wie die Gotha des englischen Königshauses. Auf den Fotos im Buch sehen die Männer alle aus wie Prinz Charles beim Warten vor dem Thron und die Frauen wie seine Schwester Anne nach dem ersten Mal mit ihrem Reitlehrer. Daneben stehen kleine Blöckchen mit Text wie im Register des Einwohnermeldeamtes. Menschenschicksal als Zahlen- und Faktenkolonnen: »Geboren (1920), Abitur (1940), Reichswehr (1941), Schlosserlehre (1946), Studium (1950 – 1960), Zahnarzt (ab 1963), Verheiratet (seit 1964), Rentner (1985) Bundesverdienstkreuz für 50 Jahre Taubenzüchterpräsident (2001).«

»Was hat jemand davon, der mich in Ihrem Buch findet?« frage ich.

»Ich hab mir schon gedacht, daß Sie dafür nicht in Frage kommen«, sagt der kleine Mann, »aber es kaufen viele das Buch. Ärzte, Rechtsanwälte, Autohändler, Politiker ...«

Ich lächle verständnisvoll. Mein Besuch verabschiedet sich. Keine zehn Minuten war er da. Keine Zeit für eine Tasse Kaffee. Das Kissen auf dem Stuhl, auf dem er gesessen hat, ist nicht mal warm geworden. So schnell verliert man seinen Promi-Status ...

MEINE LIEBEN LESER

Siegfried schrieb mir eine E-Mail aus Palma de Mallorca: »Soeben habe ich in 30 Minuten die ersten 50 Seiten deines Romans ›Der Sieg der Taube‹ gelesen. Leider muß ich unterbrechen. Das fiel mir äußerst schwer – klebe ich doch an den Zeilen.«

Auch Theofilos mailte freudig erregt: »Ich habe den Roman innerhalb eines Tages zwei Mal gelesen. Das habe ich schon lange nicht mehr erlebt. Nicht an einem einzigen Tag.«

Nicht alle Leser sind so nett. Die meisten gehören zur schweigenden Mehrheit – von ihnen erfährt der Dichter nie etwas. Außer, sie machen ihn zum Bestsellerautor. Dann merkt der Autor an den Honorarzahlungen des Verlags, daß sie seinen Roman nicht nur einmal, sondern gern auch zwei oder drei Mal gekauft haben. Sie verschenken das Buch, empfehlen es, schwärmen von der Geschichte und ihren Figuren und lesen das Buch selbst mindestens zweihundertfünfzig Mal bis die Druckerschwärze der Zeilen allmählich verblaßt – aber dann ist es ohnehin Zeit, allmählich das Totenbettchen zu wärmen.

Ich habe dieses Bestseller-Gefühl erst einmal erlebt. Da kauften die Leser das Buch »Ganz Deutschland lacht – 50 deutsche Jahre im Spiegel ihrer Witze« wie verrückt. Das Buch habe ich zusammen mit Chris Howland, Dieter Thoma und Michael Lentz gemacht. Zeitweise gab es in den Buchhandlungen sogar Schlägereien, weil man sich um das letzte vorhandene Exemplar stritt. Über 100.000 Mal klingelte die Kasse.

So macht Bücher schreiben Spaß – wegen der Anerkennung, des Honorars und weil man sich dann mal wieder einen neuen Regenschirm kaufen kann für schlechte Zeiten.

Mein Jugendfreund Werner hat allerdings noch keinen Roman von mir gelesen. Das letzte Werk, daß er komplett gelesen hat, war der »Spiegel«. Strauß, der starke CSU-Mann, war auf dem Titel. Strauß war Werners Lieblingsfeind seit den 68ern. Als ich Werner das letzte Mal traf, hatte er von meinem neuen Mallorca-Roman immerhin vier Seiten gelesen. Schon klage er: »Meine Augen werden immer so schwer, wenn ich zu viele Buchstaben auf einmal sehe.«

Mein Freund Jürgen, ebenfalls aus meiner Jugendabteilung übrig geblieben, liest dagegen – nicht alles, was ich schreibe. Ich war darum richtig stolz, als er mir erzählte, daß er den Mallorca-Roman jetzt schon zum zweiten Mal lese.

Solche und ähnliche Reaktionen kenne ich inzwischen von einigen Lesern. »Nervenkitzelig«, schrieb mir Karl-Heinz, ein Kunstsammler aus Düsseldorf. »Außergewöhnlich spannend«, meint Helga, die seit zwei Jahren in Sóller lebt. »Den ›Sieg der Taube‹ habe ich nicht gelesen. Ich bin in einem Tag und einer Nacht Teil der Geschichte geworden«, lobte Eberhard, ein Maler-Freund, auch aus Sóller.

Nicht, daß Sie jetzt denken, die Leute würden meinen Roman aus Interesse an der Story lesen! Oh nein! – Ich habe nur allen erzählt, daß sie in dem Buch höchstpersönlich, aber verschlüsselt vorkommen.

Wer will nicht eine Figur der Literatur werden, wenn er schon kein Bundesverdienstkreuz besitzt wie die meisten Bäckermeister, die heute noch ein Brötchen mit geradem Schlitz in der Mitte backen können.

Und so lesen die Leute das Buch in geradezu atemberaubender Geschwindigkeit durch und suchen sich selbst in jeder meiner Romanfiguren – meist mit Erfolg. Denn ich lege die Figuren inzwischen so an, daß jeder Leser in ihnen auch ein bißchen von sich selbst wiederfindet. Pròbieren Sie es doch auch mal und lesen Sie meinen Roman!

SHE – EINE WAHNSINNS-GESCHICHTE

»Ich habe eine Idee«, erzähle ich Brigitte, »ich möchte Stephen Kings ›Misery‹ auf die Bühne bringen. Ein tolles Zwei-Personen-Stück. Kathy Bates hat für ihre Filmrolle einen Oskar bekommen. Eine Wahnsinns-Story: Ein Schriftsteller verunglückt während eines Schneesturms in der amerikanischen Wildnis und wird von der Krankenschwester Annie gerettet. Sie pflegt ihn in ihrem Haus. Der Autor ist ihr Lieblingsschriftsteller, seine Serienfigur ihre Lieblingsheldin. Als sie erfährt, daß der Schriftsteller die Romanfigur in seinem neuesten Werk sterben läßt, vernichtet sie das Manuskript, daß er gerade beendet hat. Sie zwingt ihn ein neues Manuskript zu schreiben und die Heldin überleben zu lassen. Zwingt ihn dazu, indem sie seine Beine zerschmettert.«

»Eine Wahnsinnsgeschichte«, findet Brigitte. »Frag doch mal den Intendanten. Der mit dem kleinen Hund in den Rheinwiesen.«

»Dessen Theater es so schlecht geht?« frage ich. Sie nickt.

Tage später begegne ich ihm beim Spaziergang. Ich spreche ihn an. Erzähle ihm von meiner Idee, auch davon, daß ich meinem Agenten gebeten habe, wegen der Rechte zu recherchieren. »Das ist doch eine Gelegenheit, junges Publikum ins Theater zu holen. Das Film-Publikum zum Beispiel. Ein Zwei-Personen-Stück mit großer Wirkung. Marianne Sägebrecht in der weiblichen Hauptrolle – die Idealbesetzung.«

Der Theaterintendant sieht mich skeptisch von der Seite an. Sein Hund wedelt freudig mit dem Schwanz.

»Eine Chance, gute PR für Ihr Theater zu machen. Das bringt Zuschauer, positive Stimmung bei den Kulturpolitikern. Vielleicht könnten wir zusammen …«

Der Theaterintendant schüttelt den Kopf. »Das ist nichts für uns. Außerdem: Wir haben Geld von einem Sponsor bekommen. Wir kommen jetzt auch so klar.«

Wir verabschieden uns. Ich trage meine Idee vom idealen Zwei-Personen-Stück für eine Düsseldorfer Bühne weiter über die Oberkasseler Rheinwiesen. Wer könnte die männliche Hauptrolle spielen, überlege ich. Wie könnte ich diese Idee realisieren. Ob Stephen King vielleicht kommen würde?

Viele Rheinwiesen-Spaziergänge später lese ich in der Zeitung einen Bericht über die Premiere von »Misery« im Theater des netten Theaterintendanten. Man wolle junges Publikum in das Theater holen, erklärt er hoffnungsvoll.

Leider hat er vergessen, mich zur Premiere einzuladen. Stephen King ist auch nicht gekommen. Sägebrecht scheint er ebenfalls nicht bekommen zu haben. Gute PR hat er mit dem Stück auch nicht gemacht. Das Theater gibt es inzwischen nicht mehr. Aber das ist für mich auch kein Triumph.

* * *

Monate später sitze ich mit Edeltraut und Jens und Freunden und Bekannten im »Bürger & Edelmann«, und wir sprechen über Theater, Schauspieler und Intendanten. Jens Prüss hat gerade im Theater »Flin« sein neues Kabarettprogramm »Hauptsache Spaß« auf die Bretter gebracht – das beflügelt, und so erzähle ich spät am Abend von meinem Erlebnis mit B., inzwischen nicht mehr Intendant der Kammerspiele.

Ein Schauspieler, der in der Runde sitzt, bekommt große Ohren, als er meine Geschichte hört. Er kennt sie, weil er damals in den Kammerspielen arbeitete und mitbekam, wie Intendant B. nach seinem Spaziergang in den Rheinwiesen die Begegnung mit mir zum besten gab. Da war er voller Begeisterung für die Idee, »Misery« auf die Bühne zu bringen.

Manche Menschen können eben, wenn es ihnen in den Kram paßt, ihre Freude gut verbergen. Ich zeige sie gerne: B. macht jetzt in der Provinz Theater. Ausgerechnet Sommerfestspiele, die er so haßt ...

SIGNIERSTUNDE

Auf Mallorca treffe ich Jürgen. Er hat lange in Düsseldorf gelebt, bevor er nach Spanien zog. Als er auf der Plaza von Sóller an meinen Tisch kommt, zieht er zwei Exemplare meines neuen Mallorca-Romans aus dem Rucksack.
»Willst du mir die wieder zurückgeben«, frage ich. »Wer ein Buch gekauft hat, muß es behalten. Das ist nicht so wie mit einer Flasche Bier. Leer trinken und zurückgeben.«
»Ich habe gehört, daß du auf der Insel bist. Kannst du mir die signieren?«
Jürgen hält mir einen angenagten Kugelschreiber hin. Ich ignoriere den Stift und nehme meinen MontBlanc, Rollerball, schwarze Mine, mittelfein. Wenn schon signieren, dann mit Stil. »Für dich?«
»Schreib hier was für Reini rein.« Er buchstabiert den Namen seiner neuen Freundin, als ich ihn mit hochgezogenen Augenbrauen anblicke. »Und irgendwas persönliches dazu, bitte.«
Ich denke nach: Welche persönlich gemeinten Zeilen schreibt man einer fremden Person ins Buch? Die Leute sind heute nicht mehr damit zufrieden, daß ein Autor das frisch gekaufte Werk mit seiner nackten Unterschrift versieht. Es muß etwas ganz Persönliches sein, etwas, daß so noch nicht geschrieben wurde. Am besten ein Lied. Oder ein Gedicht. Ein Mann verlangte mal von mir, daß ich folgenden Satz schreibe: »Niemand ist schöner als du, Marie!« Mit Ausrufezeichen. Darauf bestand er. Ich hab's gemacht, weil er gleich drei Bücher gekauft hat und ich den Satz in jedes Buch schreiben sollte, nur jeweils mit einem anderen Namen. Für die Ehefrau und seine beiden Geliebten.
Die meisten Buchkäufer sind glücklicherweise etwas bescheidener und geben sich mit »Alles Gute für Ihre Zukunft«, »Viel Spaß bei der Lektüre« oder »Schön, daß Sie da waren« zufrieden. Ich habe es mir auch zur Angewohnheit

gemacht, meine Widmungen in besonders großer Schrift zu schreiben. Grundsätzlich benutze ich dafür eine Seite, die bereits mit Titel und anderen Angaben zum Buch vorbedruckt ist. Dadurch spare ich mir viele Worte. Hilfreich ist auch das fröhliche Strichmännchen, das ich immer meinem Nachnamen anfüge. Es amüsiert die Betrachter und erspart mir noch einmal mindestens zwei Zeilen.

Wenn ich den Leuten die Bücher signiere und höflich frage, für wen ich signieren soll (»Den Vornamen der Oma bitte buchstabieren.«), frage ich manchmal, was sie mit den signierten Büchern anfangen. Irgendwie ist es mit einem solchen Buch doch so, wie in dem Witz: Fragt ein junger Poet den weltberühmten Autor, ob er ihm sein erstes Werk schenken dürfte. Antwortet der arrivierte Schriftsteller: »Aber gern, wenn es nicht durch eine Widmung entwertet ist.«

Bücher mit persönlichen Widmungen können nicht mehr verschenkt werden. Sie bleiben ein Leben lang im Besitz eines Beschenkten. Die meisten Buchkäufer, so meine Beobachtung, lassen sich allerdings ein Buch signieren, daß sie selbst behalten wollen. Manche hoffen darauf, daß der Autor einmal richtig berühmt wird und das Buch einer Aktie gleich im Wert steigt und dann mehr wert ist als das bedruckte Papier. Es soll allerdings auch schon passiert sein, daß ein Buchempfänger berühmter wurde als derjenige, der die Widmung schrieb: »Für meinen Freund Goethe – Schiller.«

Andere zeigen das Buch stolz im Kreis ihrer Familie, den Nichten und Enkeln und deren kleinen Freundinnen und geben damit an, einen Schriftsteller zu kennen, der sie außerdem noch duzt: »Wir haben uns vor ein paar Tagen bei einer Lesung wieder getroffen und einen tollen Abend miteinander verbracht.«

Manch einem soll ja so ein Buch schon als Beweis gedient haben, daß er den Abend nicht mit der Geliebten, sondern mit der Stärkung seiner geistigen Potenz verbracht hat; das sind die Männer, die kurz vor Ende einer Lesung in den Saal hasten, dem Autor in den Mantel helfen und ihn nötigen, sein letztes, persönliches Leseexemplar zu verkaufen und zu signieren. Die handeln dann auch noch den Preis herunter, weil das Buch ja schon benutzt wurde und ein paar Eselsohren hat.

Auch Autoren »benutzen« manchmal die Signatur in ihren Büchern für sehr egoistische Zwecke. Axel Hacke gestand auf einer Lesung in Düsseldorf, daß er einmal einer attraktiven, rothaarigen Buchkäuferin statt des Datums seine Handy-Telefonnummer ins Buch geschrieben hat. Wenige Tage später rief sie ihn an – da stand er zusammen mit seiner Frau bei Dallmayr in München und kaufte Kaffee. Während er also mit der Angebeteten telefonierte, versuchte er den Lauschangriffen seiner besseren Hälfte auszuweichen. Gleichzeitig mußte er sich eines Kunden erwehren, der ihn als Handy-tragenden Widerling beschimpfte: »Sie sind ja so wichtig. Sooo wichtig«, rief ihm der Mann immer wieder ins Ohr. Selbstverständlich kam es zu einer komischen Verwechslungsszene, weil Hacke dem Aufdringling anfuhr, er soll den Mund halten und sich die Dame am Handy persönlich angesprochen fühlte. Hacke landete schließlich mit Kopf und Handy in einem Regal voller Marmeladengläsern. Er soll nach diesem Erlebnis angeblich auf künftige Annäherungsversuche per Buchwidmung verzichtet haben.

Ich bin fest davon überzeugt, daß ein Buch wegen einer Signatur keinen Ehrenplatz in einem Buchregal erhält. Manche machen mit einem signierten Buch schlicht das, was auch ich mit ihnen mache – sich drüber freuen. Der Erinnerungswert ist enorm.

Darüber hinaus ist das Signieren von Büchern eine gute Werbung. Manche Autoren signieren ihre Bücher so oft sie können. Denn jeder, der so ein Buch besitzt, wird später mit mindestens einer Person positiv darüber sprechen. Und viele dieser so motivierten Menschen werden kurz darauf selber das Buch kaufen. Und das ist doch für einen Autor sehr wichtig – zumal diese Bücher dann vom Autor nicht auch noch persönlich signiert werden müssen ...

BÜCHERTYPEN

Oberkassel ist wie ausgestorben. Alle sind auf der Kö. Bücherbummel. Da sehe ich sie dann – die Büchertypen. Sie schleichen um die Stände der Buchhändler und Verlage. Wühlen in den Ramschkisten auf der Suche nach Raritäten. Zerfleddern Bildbände, streicheln über Liebesromane und schnaufen über Sachbücher. Nehmen hier ein Gedicht von Brecht mit, dort eins von Nitzberg. Im Vorbeigehen lassen Sie sich von Krimiautor Horst Eckert ein bißchen Spannung servieren, vom Kabarettisten Jens Prüss ein Häppchen Nachdenklichkeit und von mir selbst eine Mittelmeerbrise. Zwölf Stunden lang dauert meine Marathon-Lesung am Stand des Grupello Verlags; dann werde ich wohl mit den fast 200 Seiten meines Mallorca-Roman »Der Sieg der Taube« durch sein.

Was sind das für Typen, die da um die Zelte streichen? Von Philipp, mit dem ich abends im Café vor der Lichtburg sitze, weiß ich es. Er liest Stuckrad-Barre und Houellebecq. Jedes Buch, das er gelesen hat und wieder ins Regal zurückstellt, sieht aus wie neu. Sein Opa, der Buchbinder, hat ihm als Kind beigebracht ein Buch so zu lesen, daß niemand merkt, daß es schon mal gelesen wurde. Kein Buch, daß sich beim Hinlegen automatisch an der heißesten Stelle öffnet.

Bruno sucht »getrüffelte Bücher« die möglichst alt in möglichst kleiner Auflage von einem möglichst bekannten Autor mit einer Unterschrift und möglichst mit vielen allgemeingültigen Weisheiten in möglichst leserlicher Schrift ausgestattet sind. Diese Bücher kauft Bruno für möglichst wenig Geld von Leuten, die möglichst wenig über den Wert dieser Bücher im Kreis der Bibliophilen wissen.

Dann sind da noch die Typen, die sich festlesen und fünf Stunden den Eingang zum Stand versperren, nichts merken – und wenn sie die Buchdeckel zuklappen, haben sie das Buch komplett gelesen, stellen es wieder zurück ins Ikea-

Regal des Buchhändlers und denken nicht darüber nach, daß sie gerade einem Autor zwei Mark gestohlen haben. Soviel verdient er etwa an einem Buch, daß für 20 Mark verkauft wird.

Es gibt natürlich auf dem Bücherbummel auch die Leute, die nur ganz besonders schöne Bücher kaufen. Die mit den handgeschöpften-Bütten-Leinen-Goldverzierten-Kunstgestalteten Einbänden. Die Trophäen der Buchbindekunst. Bei denen es weniger auf den Inhalt und mehr auf den Aufwand rund um Papier und Buchrücken ankommt. Verblüfft hat mich ein Kollege, als er sich an eines meiner Bücher erinnerte: »Das mit dem ungewöhnlichen Format und der besonderen Aufmachung.« Ich wußte zunächst gar nicht, welches Buch er meinte. Schließlich stöberten wir gemeinsam in unseren Erinnerungen und fanden heraus, daß es sich um den vor einigen Jahren erschienen Roman »Skandalstadt« handelte. Ihm war das Buch wegen der Gestaltung in Erinnerung geblieben, nicht wegen meiner spannenden Geschichte. Autorenschicksal.

Es gibt auch Zeitgenossen wie Hans. Der geht in die Buchhandlung und sagt: »Ich hätte gern Goethes Werke.« Fragt die Buchhändlerin: »Welche Ausgabe?« »Da haben Sie eigentlich auch wieder recht«, antwortet Hans und geht.

Tja, jetzt möchten Sie natürlich noch wissen, was ich für ein Buchtyp bin? Ich bin der Typ, der immer Eselsohren in die Bücher macht: Oben links schräg nach rechts geknickt, wenn ich nach einer Pause auf der linken Buchseite weiterlesen will. Oben rechts nach schräg links geknickt, liegt das Eselsohr, wenn ich auf der rechten Seite weiterlesen will.

Die Bücher mit den Eselsohren sind jene, die Bibliophile hassen, weil die Bände durch die vielen Knicke entwertet sind. Aber ich verkaufe ohnehin keine Bücher aus meinen Regalen – nicht nur, weil Cicero schrieb, daß »ein Zimmer ohne Bücher wie ein Körper ohne Seele ist«. Was sollte ich ohne Bücher mit den vielen Regalen machen? So viele Schuhe hab ich ja gar nicht ...

Auf Lesetour

Auf Lesetour durch Oberkassel für ein neues Buch. »Klefisch + Jamin + Prüss« haben »Revolution! Der kleine Oberkassel-Roman« geschrieben. In dem Buch machen sich Fürst Campus und seine Oberkasseler vom Rest der Welt selbständig und erklären den Stadtteil zum Freistaat. Zahlreiche Prominente, darunter dat Bobele, Marie Scheinemacher, Heike Naschkatz und Heiser Lechterbrink, begeistern sich für die Idee vom Steuerparadies und ziehen freiwillig in den Künstler-Container ein, der im »Prinzinger« aufgebaut ist.

Mit dem Kabarettisten Jens Prüss, dem Illustrator Thomas Klefisch und Verleger Bruno »Grupello« Kehrein mache ich mich auf Kneipentour, um den Linksrheinern »ihr« Buch vorzustellen.

»Lesen für Freibier« heißt unser Motto. »Das klappt nie«, meint Pessimist Kehrein. Prüss lächelt ironisch. Klefisch blickt optimistisch der Straßenbahn nach.

Im »Schlüssel« auf der Oberkasseler Straße machen wir den ersten Stop. »Sollen wir Ihnen aus unserem Buch vorlesen«, frage ich freundlich eine Damen- und Herren-Runde in der Ecke.

»Wir lesen nicht. Wir saufen!«

»Prima«, ruft Jens an der Theke, »Propeller-Paul kauft ein Buch«. Der ehemalige Fluglotse will nicht, daß wir ihm vorlesen, aber eine persönliche Widmung sollen wir ihm ins Büchlein schreiben – »für Propeller-Paul mit revolutionären Grüßen«.

Als er das Buch bezahlen soll, winkt der Überflieger plötzlich ab. »Mehr als vier Mark zahl' ich nicht dafür.«

Autoren und Verleger schwanken zwischen leichtem Entsetzen und gespielter Fröhlichkeit. »Werden Fluglotsen so schlecht bezahlt, daß sie keine 9.80 Mark für ein Buch übrig haben?«

Propeller-Paul schaltet auf stur, und Verleger Bruno wird zum Menschenfreund. Er steckt sich die vier Mark in die Tasche und beschließt, die Einnahmen dieses Abends mit seinen Autoren sofort auf den Kopf zu hauen.

Im »Gulasch« probieren wir eine neue Marketing-Methode, die wir von den Taubstummen aus Italien kennen. Ich lege, ohne ein Wort zusagen, jedem Gast ein Buch auf den Tisch. Wir trinken uns die PR-Aktion heiter und beobachten, wie manche verlegen, andere skeptisch die »Revolution« in die Hand nehmen, darin blättern, ein paar Zeilen lesen und dann vor Lachen kaum dazu kommen, ihr Bier zu trinken. Unser kleiner Roman amüsiert die Gäste im »Gulasch« so sehr, daß Neuankömmlinge das Gefühl haben, im Studio von Harald Schmidt gelandet zu sein.

Als ich nach einer Stunde die Bücher an den Tischen einsammeln will, gibt man sie mir nicht mehr raus – die Kneipentour wird endlich zu einer echten Butterfahrt. Während Autoren und Illustrator Klefisch die Bücher wie am Fließband signieren und Oma, Opa, Enkel und Tanten grüßen, ordert Verleger Kehrein bei der Kellnerin Mettschnittchen. Wirklich prima, riesige Portionen.

Wir essen, und einer erzählt, daß ein Mann in der TV-Sendung »Domian« erzählt hat, daß er einmal im Monat 60 Kilo Mett kauft. »Da legt er sich dann mit seiner Frau rein und schläft mit ihr.«

Jens hat keinen Hunger mehr auf Mett. Er hört aber der Geschichte zu, die ein anderer anschließend zum besten gibt: »Ich hab als Student bei Operationen für 100 Mark den Hakenhalter gemacht«, erzählt er.

»Komischer Beruf«, meine ich.

»Nie gehört«, sagt »Grupello«-Bruno, der mit der Zunge die Reste des Metts aus den Zahnlücken schnalzt.

»Bei der Operation habe ich die Wunde mit Haken auseinandergehalten, damit der Arzt gut arbeiten kann.«

Wir merken, daß Geschichten-Erzähler wie wir die Leute in den Kneipen zum Geschichten-Erzählen animieren, und ziehen weiter. »Odeon«, »Charissima«, »Prinzinger«, »Flachskamm«, »Tomato«, »Gatz Brauhaus«, »Oberkasseler Hof« und »Sassafras«. Wir trinken mehr, als wir einnehmen.

Spät am Abend hat ein Witzbold noch einen guten Spruch für uns parat: »Wenn Verleger schon durch die Kneipen gehen und ihre Bücher verkaufen, kann das Geschäft ja nicht laufen.« Bruno Kehrein lächelt säuerlich. So hat er sich seine Leser nicht vorgestellt.

Dabei hat der Tag gut angefangen. Morgens haben »Klefisch + Jamin + Prüss« (diese neue Autoren-Marke sollten Sie sich merken) vor der Buchhandlung Gossens auf der Luegallee den kleinen Roman verkauft und den Passanten daraus vorgelesen. Wer ein Buch kaufte, erhielt eine persönliche Widmung. Wer zwei »Revolutions«-Bücher und noch »Streng geheim! Der kleine Kö-Roman« (auch von Prüss + Klefisch + Jamin) kaufte, wurde damit verschont. Der Verleger konnte gar nicht so schnell die Bücher heranschaffen, wie sie den Autoren aus den Händen gerissen wurden. Buchhändler Gossens war so begeistert von dem Umsatz, daß er den Autoren einen kalten Wein und den Passanten Rosen spendierte.

Viele Oberkasseler hatten am Morgen die Zeitungen gelesen, in denen Kritiken über den kleinen Oberkassel-Roman erschienen waren.

»So macht Literatur Spaß.« »Grupello« rieb sich die Hände. Positive Rezensionen schaffen in Verleger-Kreisen ein gutes Klima.

Am Sonntag morgen kommt er trotzdem nicht zum Revolutions-Brunch ins »Prinzinger« – er geht mit einem anderen Autor seines Verlags fremd. Wir lesen aus unserem Roman und erzählen aus der Entstehungsgeschichte des Buches, während die Gäste Prosecco schlürfen, Rührei mit Shrimps oder Strammen Max zerkleinern.

Die Mannschaft vom »Leo's« um die Ecke ist so begeistert, daß gleich zehn Bücher auf einmal geordert werden. Unser kleiner Roman kommt gut an bei Schuldirektor, Musikproduzent, Kranführer, Kneipier, Fotomodell, Architekt, Hausfrau, Journalistin, Zahnarzt, Bauarbeiter, Blumenverkäufer, Verleger Klaus samt kleinen Töchtern und den vielen anderen Zuhörern. Das Prinzinger wird durch unsere Geschichte zur Revolutions-Schmiede. Von hier aus ziehen Fürst Campus und seine Mannen die Fäden. NRW-Ministerpräsident Unruh fliegt mit dem Hubschrauber ein, Oberbürgermeister Jochen Paul kommt mit dem Farbeimer (nicht rein), und die Schafe von den Rheinwiesen blockieren die Oberkasseler Brücke.

Mehr wird aber jetzt nicht verraten. Klefisch + Jamin + Prüss wollen schließlich, daß Sie das Buch kaufen. Nur neun Mark achtzig in jeder Buchhandlung oder unter www.grupello.de ...

Gefährliche Begegnung

Party-Time in der Zille. Neueröffnung. Live-Musik. Neues Personal. Stammgäste wie früher. Neugierige, die sich mit dem neuen Besitzer aus dem »Liebevoll« am Belsenplatz zum Tor nach Oberkassel gewagt haben.

Es ist noch keine Zehn, da bricht der erste Kellner zusammen. Ich stehe am Gang nahe der Getränkeausgabe, und der Junge haut mich an, ihm doch Platz zu machen nicht für den Moment, sondern für den Rest des Abends. Es ist eng, zugegeben, aber nicht so eng wie in den guten Zeiten der Zille, wo manche Gäste nur noch einen Platz auf der Theke fanden. Auch für den Kellner gibt es noch einen Quadratmeter, also genug, um mit dem Hintern zu wackeln.

Er ist aber nicht das einzige nervöse Hemd an diesem Abend. Freund Andreas kommt mit Freundin und rennt nach zwei Minuten wieder raus – der Lärm, die Enge. Freund Helmut und Frau bleiben immerhin fünf Minuten – die Enge, der Lärm.

Endlich kommen zwei Menschen, die genug getrunken haben, um das Vergnügen in der Zille ertragen zu können. Walter, der Verleger, und Jens, der Schriftsteller, gesellen sich auf ein Bier dazu. Sie sind fast Fünfzig, halten sich aber mit Alt jung. Dann werden die Geschichten erzählt, die ihnen das Leben ins Tagebuch geschrieben hat. Walter erinnert sich an einen Dichter, der sich selbst bei einer Lesung als den größten Dichter Düsseldorfs und einen Dichter-Freund als den zweitgrößten bezeichnete, obwohl ein dritter, der sich ebenfalls für den größten Dichter Düsseldorfs hielt, anwesend war. Dem raubte die Bemerkung nächtelang der Schlaf. Vielleicht wäre er besser in die »Zille« gegangen, um mal auf andere Gedanken zu kommen.

Jens erinnert sich an ein Kneipen-Erlebnis nach einer Lesung. Auf dem Klo steht plötzlich ein Muskelpaket in der Tür: »Hey du! Komm man sofort hier. Hey!«

Jens, groß, aber mit mehr Hirn im Kopf als Muskelfasern in den Oberarmen, fürchtet, was aufs Maul zu bekommen: »Irgendwann ist ja jeder mal dran.«

Bereit, jedes Wort zurückzunehmen, überlegt er, was er Anstößiges geschrieben oder gesagt haben könnte. Da hebt der Muskel die Fäuste – und stülpt Jens den Kopfhörer seines Walkman über die Ohren. »Wie heißt denn das, ey, die Musik!?«

Jens kennt die Melodie. Gott-sei-Dank. Henry Maske, lange Zeit das berühmteste Blauauge der Nation, hatte sich oft von ihr auf die Bühne tragen lassen.

»Fortuna imperatrix mundi; Carmina Burana«, flüstert der Schriftsteller. »Karl Orff.«

»Na siehste«, der Riese klopft Jens auf die Schulter. »Ich wußte doch, das du ein schlaues Kerlchen bist«.

Es lebe der Buch-Handel

Am Freitag habe ich meinen neuen Roman einigen Journalisten vorgestellt. Kaum waren die ersten Kritiken erschienen, rief mich mein Freund Jochen an: »Du hast ein neues Buch geschrieben. Ich lad dich zum Essen ein. Dann kannst du es mir als Geschenk mitbringen.«

Au klasse! Spaghetti Bolognese gegen Literatur. Davon leben wir Schriftsteller – denken die meisten meiner guten Freunde. Rechnen damit, daß sie das neue Werk vom Autor sowieso geschenkt bekommen und kaufen es darum gar nicht erst.

Die weniger guten Freunde leihen sich das Buch mal aus, »um zu sehen, ob es sich lohnt, das Buch zu kaufen«. Schon wenn ich das Buch überreiche, weiß ich, daß es sowieso den Weg aller ausgeliehenen Bücher nimmt – es verschwindet für immer in einem fremden Bücherregal.

Nur der Kreis der nicht ganz so guten Bekannten zeigt sich spendabler – etwa ein Drittel kauft das Buch, ein Drittel äußert den Wunsch, es einmal geliehen zu bekommen, und die übrigen stöhnen, daß sie einfach keinen Platz mehr für »noch mehr« Literatur haben.

Einmal ist es mir sogar passiert, daß ein besonders guter Bekannter ein Buch bei mir geklaut hat. Aufgefallen ist er, weil ich seit Jahren alle meine Bücher mit Geheimzeichen in Geheimtinte markiere, um den Bücherdieben aus meinem Freundes- und Bekanntenkreis auf die Schliche zu kommen. Darauf angesprochen, warum er das Buch gestohlen habe, erklärte er: »Du hättest es mir ja bei deinem letzten Besuch schenken können.«

Keiner meiner Freunde macht sich darüber Gedanken, daß ich vom Verkauf meiner Bücher lebe und zehn Prozent vom Ladenpreis erhalte. Für die meisten Menschen scheint ein Schriftsteller ein Wesen zu sein, das sein Hobby zum Beruf gemacht zu haben vorgibt.

Es wäre von mir aber ungerecht, wenn ich nicht auch die guten Seiten mancher meiner Freunde und Bekannten berücksichtigen würde. So schrieb mir doch kürzlich Hannes, Feuilletonchef einer großen Zeitung in Bayern, dem ich den Bildband »Die Kö – 54.877 Tage Königsallee in Düsseldorf« zur Besprechung übersandt hatte, einen wunderbaren Brief, wie ich ihn noch nie erhalten habe: »... das ist ja wirklich nett, daß du dem Süden die Kö näher bringen willst, aber das übersteigt meine Möglichkeiten. Selbst langgediente Redakteure aus dem Niederrheinischen haben gesagt: Die Kö, nö – das können wir hier nicht bringen. Ich schicke Dir also deinen Prachtband wieder, und bitte um Verständnis für die Maßnahme. Schöne Grüße aus dem Süden ...«

Ich habe noch nie erlebt, daß mir ein Journalist ein Buch, das er nicht rezensieren wollte oder konnte, zurück geschickt hätte. Ich werde also dem Kollegen aus dem deutschen Süden meinen neuen Roman schicken – soviel Anstand muß ja belohnt werden.

Glückshormone löste kürzlich eine E-Mail aus. Da forderte Alf, mein früherer Wohnungsvermieter in Oberkassel, gleich mein Gesamtwerk an: »Schick mir alle deine Bücher. Und leg die Rechnung dazu.«

Gute Idee. Das Buchpaket, das ich ihm übersandt habe, wird ihm lange Leseabende bescheren. So schnell wird man ja seine alten Titel nicht mehr los.

Die neue E-Mail, die ich vor einer Stunde erhielt, animierte mich zu dieser Story über die Facetten des Buch-Handels. Martins Text war recht kurz: »Du hast wieder ein Buch geschrieben?! Schick es mir – egal wie schlecht es ist.«

ENDE

Bücher von JAMIN, autor im Grupello Verlag

Die kleinen Straßen-Romane

Von Peter H. Jamin und Jens Prüss. Mit Illustrationen und einem Daumenkino von Thomas Klefisch

Streng geheim! Der kleine Kö-Roman (Band 1)
64 S. • Br. • EUR 5,– • ISBN 3-933749-53-0

Der Sieg der Taube
Mallorca-Krimi
192 S. • Br.
EUR 12,80
ISBN 3-933749-54-9

Revolution! Der kleine Oberkassel-Roman (Band 2)
64 S. • Br. • EUR 5,– • ISBN 3-933749-61-1

Scheidung! Die Wiedertrennung (Band 3)
Der kleine Berlin- und Deutschland-Roman
64 S. • Br. • EUR 5,– • ISBN 3-933749-68-9

Die KÖ
54.788 Tage
Königsallee in Düsseldorf
Hrsg. von Peter H. Jamin
und Jens Prüss
Mit 250 farbigen Fotos
und Illustrationen
192 Seiten • gebunden/SU
Format: 24 x 33 cm
EUR 39,80
ISBN 3-933749-50-6

www.grupello.de